考拉旅行　乐游全球

重磅旅游图书
《德国攻略》新装升级
一如既往带您畅游德国

攻略 德国

旅游行家亲历亲拍！
超美德国热地大赏！

GUIDE

2018-2019
全彩升级版

《德国攻略》编辑部 编著

华夏出版社
HUAXIA PUBLISHING HOUSE

目录 CONTENTS

德国攻略

A 速度看德国！	…009
B 速度去德国！	…010
C 速度行德国！	…035
D 速度玩德国！	…040
E 速度买德国！	…043
F 速度买德国！	…045
G 速度吃德国！	…048
H 速度游德国！	…051

Part.1 柏林 …057

国会大厦	…058
大屠杀纪念馆	…059
勃兰登堡门	…060
宪兵广场	…061
柏林墙遗址	…062
菩提树下大街	…063
军械库	…064
博物馆岛	…065
老国家画廊	…066
贝加蒙博物馆	…067
柏林大教堂	…068
亚历山大广场	…069
蒂尔加藤公园	…070
柏林故事馆	…070
胜利女神纪念柱	…071
文化广场	…072
柏林爱乐大厅	…072
威廉皇帝纪念馆	…073
达勒姆区	…073
民族学博物馆	…074
库达姆街	…074
夏洛滕堡宫	…075
埃及博物馆	…075
东亚艺术博物馆	…076
贝加伦博物馆	…076
联邦总理府	…077
莱特车站	…078
查理检查站	…079

斯塔西博物馆	…079
柏林电视塔	…080
红色市政厅	…080
新国家画廊	…081
哈克夏中庭	…082
贝壳屋	…082
包豪斯文献馆	…083
东德博物馆	…084
尼古拉教堂	…085
最后的审判酒吧	…085
选帝侯大街	…086
波茨坦广场	…086
无忧宫	…087
橘园	…088
塞西里恩霍夫宫廷	…088
中国楼	…089

Part.2 慕尼黑 …091

慕尼黑玛利亚广场	…092
圣母教堂	…093
圣彼得教堂	…093
慕尼黑新市政厅	…094
慕尼黑皇宫区	…095
宁芬堡宫	…095
阿玛琳堡	…096
英国花园	…097
谷物市场	…098
德意志博物馆	…098
伦巴赫之家市立博物馆	…099
皇家啤酒屋	…099
新天鹅城堡	…100
圣米歇尔教堂	…101
奥林匹克公园	…102
安联体育场	…103
宝马大厦	…103
慕尼黑美术博物院	…104
巴伐利亚歌剧院	…105

古代雕刻博物馆	···107
奥格斯堡	···107

Part.3 法兰克福 ···109

法兰克福歌德博物馆和歌德故居	···110
罗马市政厅	···111
美因河	···112
施特德尔艺术学院	···113
德国电影博物馆	···113
采尔大街	···114
博物馆区	···114
圣保罗大教堂	···115
欧洲大厦	···115

巴伐利亚电影城	···105
慕尼黑啤酒节	···106
东尼索餐厅	···106

仓库城	…133
汉堡微缩景观世界	…134
汉堡地牢	…135
阿尔斯特拱廊	…135
工艺美术博物馆	…136
汉堡艺术馆	…136
明克贝尔格街	…137
易北河旧隧道	…137

Part.5 吕贝克 …139

赫尔斯滕门	…140
圣佩特里教堂	…141
吕贝克市政厅	…142
尼德艾格杏仁巧克力专卖店	…142
木偶博物馆	…142
布登勃洛克之家	…143
船员公会之家	…143

森肯伯格博物馆	…116
老歌剧院	…117
法兰克福大教堂	…118
法兰克福金融区	…118
棕榈树公园	…119
老证券交易中心	…120
哈瑙	…120
老萨克森豪森	…121
海德堡	…122
海德堡大学	…123

Part.4 汉堡 …125

汉堡市政厅	…126
阿尔斯特湖	…127
圣米夏埃利斯教堂	…128
汉堡港	…128
Rickmer Rickmers	…129
俾斯麦纪念雕像	…130
爱国者协会大楼	…130
圣尼古拉纪念馆	…130
布策里乌斯艺术馆	…131
汉堡美术馆	…131
胡尔柏之屋	…131
圣保利区	…132
汉堡鱼市场	…132

Part.6 科隆&波恩 …145

香水博物馆	…146
宾拉特宫殿	…146
科隆大教堂	…147
路德维希博物馆	…148
罗马-日耳曼博物馆	…148
巧克力博物馆	…149
沃利夫·理查德兹美术馆	…149
科隆旧城区	…150
莱茵能源球场	…150
杜塞尔多夫	…151
杜塞尔多夫国王大道	…151
莱茵河	…152
波恩旧市政厅	…153
波恩大教堂	…154

阿德瑙尔大道	…154
贝多芬之家	…155

Part.7 黑森林 …157

斯图加特剧院	…158
斯图加特国王大道	…158
斯图加特奔驰博物馆	…159
保时捷汽车博物馆	…160
脚镣塔餐厅	…161
巴登-巴登休闲宫	…161
卡拉卡拉温泉	…161
腓特烈温泉	…161
路德维希堡宫	…162
特里堡瀑布	…163
德国时钟博物馆	…164
黑森林博物馆	…165
特里堡大咕咕钟屋	…166
温泉厅	…166
维斯教堂	…166
弗赖堡大教堂	…166
弗赖堡大学	…167
新旧市政厅	…168
奥古斯丁博物馆	…168
古代商贸会馆	…168
城堡山	…168
施瓦本城门	…169

Part.8 德国其他 …171

德国体育与奥林匹克博物馆	…172
汉诺威展览中心	…172
汉诺威大花园	…173
瓦尔拉特博物馆	…174
德意志之角	…175
席勒之家	…176
歌德之家	…177
包豪斯博物馆	…178
莱比锡老商业大厦	…178
巴赫博物馆	…179
德国小剧场	…180
马德勒走廊	…180
塔仙堡帕雷斯酒店	…181
德累斯顿圣母教堂	…182
亚伯庭宫殿	…183
茨温格宫	…184
森帕歌剧院	…185
迈森大教堂	…186
迈森瓷器工厂展览馆	…187
德绍	…188
埃尔福特市政厅	…189
商人桥	…189
主教大教堂与圣塞维里教堂	…190
阿尔斯菲尔特	…191
马堡	…192
卡塞尔	…193
不来梅	…194
贝克啤酒厂	…195
圣基利安大教堂	…195
波特夏街	…196
哈梅尔	…197
维尔茨主教宫	…198
罗腾堡圣雅各教堂	…199

中世纪犯罪博物馆	…200	鲁尔工业区	…211
帝国城市博物馆	…200	古腾堡博物馆	…211
乌尔姆大教堂	…201	罗马-日耳曼人博物馆	…212
纽伦堡圣洛伦茨教堂	…202	楚格峰	…212
丢勒故居	…203	多瑙河	…213
皇帝堡	…204	特里尔	…213
日耳曼民族国立博物馆	…205		
圣塞巴德斯教堂	…205		
巴姆堡	…206		
科堡碉堡	…207		
斯塔雷克城堡	…208		
克洛普城堡	…209		
马克斯堡	…210		

Part.9 索引

…214

德国
攻略GUIDE

好玩

好买

好吃

速度看德国！

GERMANY HOW

德国推荐

1 印象

曾经被称为"西欧磐石"的德国在两德统一以后逐渐改变了过去刻板、沉闷的形象。现今德国拥有众多国际性的大都市，作为德国首都的柏林与南部巴伐利亚州首府的慕尼黑都是德国历史上的著名城市，拥有大量古迹和博物馆，而法兰克福则作为战后德国经济复苏中心，摩天大厦林立的大都会区堪称德国的第二首都，汉萨同盟的古老港口汉堡拥有德国最热闹的夜生活，灯红酒绿间不时闪过来自世界各地的年轻人身影。弥漫着浪漫气息的海德堡大学是浪漫思潮的发源地，终年积雪的阿尔卑斯山区和茂密的黑森林区都有着无数优美的传说和迷人故事。

2 地理

德国北部濒临北海、波罗的海，并与丹麦、荷兰、比利时、卢森堡、奥地利、瑞士、捷克、法国、波兰等国接壤，国内地势南高北低，中部为丘陵地带，总面积约为35.7万平方公里，最高峰楚格峰海拔2964米。

3 气候

德国西北部海洋性气候较明显，往东、南部逐渐

向大陆性气候过渡，夏季平均气温25℃，冬季平均气温-5℃。德国大部分地区冬季为每年12月至次年3月，南部阿尔卑斯山区冬季一直持续到5月。

4 区划

德国分为巴登－符腾堡、巴伐利亚、柏林、勃兰登堡、不来梅、汉堡、黑森、梅克伦堡－前波美拉尼亚、下萨克森、北莱茵－威斯特法伦、莱茵兰－普法尔茨、萨尔、萨克森、萨克森－安哈尔特、石勒苏益格－荷尔斯泰因和图林根16个州，其中柏林、不来梅和汉堡是联邦州级市。

5 人口和国花、国鸟

德国人口约为8211万，国花为矢车菊、国鸟是白鹳。

速度去德国！
GERMANY HOW

❶ 如何办理赴德旅游观光手续及注意事项

德国已开放中国公民个人赴德旅游申请，在德国驻华使馆就可申请赴德旅游签证，具体办理手续如下：

赴德国旅游	
申请资格	全国所有地区的公民都可以申请赴德旅游。
所需证件	1. 亲笔签名的护照（其有效期在签证到期后仍不少于3个月）并附首页复印件 2. 2份完整填写并亲笔签名的申请表 3. 三张近期证件照片（白色背景） 4. 往返机票预订单 5. 旅馆预订证明、在申根国家逗留期间的交通和日程安排 6. 工作单位用英文或德文出具的介绍信原件（信上须注明公司地址、电话和传真号、旅行者的职务、是否该公司成员、月薪及此次旅行目的），由公司领导签字并加盖公章；退休人员提供退休证原件和一份复印件，学生提供学生证原件、一份复印件及在学证明 7. 营业执照复印件一份 8. 申请人经济状况证明（比如由银行出具的最近3至6个月的工资对账单或工资存折、个人所得税完税证明、社会保险个人缴费对账单；不要提供银行存款证明），须提供原件和一份复印件 9. 现居住地证明原件 10. 户口簿原件和一份复印件 11. 在所有申根国家有效的逗留期医疗保险证明，须提供原件和一份复印件（见办理旅行医疗保险须知），非中国申请人提供中国居留证原件和一份复印件
停留时间	根据申请时的日程安排而定，最长不超过90天。
所需费用	60欧元
注意事项	1. 申请签证时一定要与真实情况相符，否则若是在申请过程中被发现，可能会被永久拒签 2. 申请签证准备材料时，最好认真、严格、细致地准备，这样通过的成功率更高 3. 在办理签证之前，最好先向德国驻华使领馆以电话或通过其官方网站查询相关要求，以免准备不全

＊上述介绍仅供参考，具体申请手续以当地有关部门公布的规定为准。

② 签证申请须知

准备材料

为方便使馆签证处处理签证申请，申请人须向使馆递交如下材料：

1. 1份完整填写并亲笔签名的申请表（最好是打印出的通过网页videx.diplo.de在线填写的申请表）。
2. 亲笔签名的旅行护照（其有效期在签证有效期终止后至少还有3个月）并附上1份护照照片页的复印件。
3. 2张相同的（白色背景的）近期护照照片。
4. 在所有申根国有效、覆盖整个申请的逗留期的医疗保险证明原件及1份复印件。
5. 签证费。
6. 户口簿原件及户口簿所有信息页各1份复印件，无需翻译（该条款只适用于中国公民）。

另外因逗留目的的不同而须提交的其他申请材料，请参看下列签证申请须知：

❖ 申根探亲访友签证 ❖

机票预订单

当申请多次入境旅游签证时，出具首次旅行的机票预订单。注意：需为确认的往返机票。机票应该在签证颁发后出票付款。

未成年人（18岁以下）

学生证及学校出具的证明信原件，包含以下信息：
- ◆ 完整的学校地址和电话
- ◆ 准假证明
- ◆ 批准人的姓名和职位
- ◆ 复印件一份

未成年人单独旅行或者和单方家长旅行时：

1. （当未成年人单独旅行时）由双方家长或法定监护人出具的，或者（当未成年人跟随单方家长或监护人旅行时）由不同行的另一方家长或者监护人出具的出行同意书的公证书，并由外交部认证；在中国境外办理时由境外相关政府机构办理该公证。
2. 家庭关系或监护关系公证书，并由外交部认证。

（官方）邀请函（6个月内有效）

由目的地申根国政府出具的官方邀请函或者担保人签字的邀请信。

担保人财务担保原件

如果担保人在申根国居住应提交：
该担保人过去3个月的固定收入证明，或担保人出具的在申根国具有法律效力的担保声明。如果担保人在中国居住并邀请签证申请人一同到申根国旅行，则应提交以下材料：
- ◆ 已签字的担保书
- ◆ 中国居住证（身份证）复印件
- ◆ 由雇主开具的收入证明
- ◆ 在目的地国家的居住证明或者申根国接待家庭提供的邀请信

与担保人的关系证明

探亲签证：需提交经外交部认证的申请人和担保人亲属关系公证书。

访友签证：需提交能证明申请人和担保人朋友关系的文件原件、照片原件、邀请信等。

户口簿

户口簿原件（无需翻译）及户口簿所有页的复印件。

申请人偿还能力证明

最近3至6个月的银行对账单，无需存款证明。

在职人员：
1. 盖章的公司营业执照复印件。
2. 由雇主出具的证明信（英文件，或者中文件附上英文翻译），需使用公司正式的信头纸并加盖公章，签字，并明确日期及如下信息：
- ◆ 任职公司的地址、电话和传真号码
- ◆ 签字人员的姓名和职务
- ◆ 申请人姓名、职务、收入和工作年限
- ◆ 准假证明

退休人员：养老金或其他固定收入证明。

未就业成人：已婚者：配偶的在职和收入证明＋婚姻关系公证书（由外交部认证）。

单身/离异/丧偶：其他固定收入证明。

❖ 申根商务签证或短期职业培训签证 ❖

机票预订单

当申请多次入境旅游签证时，出具首次旅行的机票预订单。注意：需为确认的往返机票。机票应该在签证颁发后出票付款。

申请人偿付能力证明

最近3至6个月的银行对账单，无需存款证明。

1. 如果旅行及生活费用由公司支付，需提供申请人（或雇主）公司偿付能力的证明。

- ◆ 访问的目的和持续时间
- ◆ 详细日程
- ◆ 支付旅行和生活费用的单位或个人
- ◆ 主办方是否为确保申请人按规定返回中国提供保证金
- ◆ 如果适用，提供商会注册证明

工作许可（如适用）

以下情况需要工作许可：
- ◆ 在职工作培训
- ◆ 在申根成员国境内为任职公司工作

申根旅游签证

机票预订单

当申请多次入境旅游签证时，出具首次旅行的机票预订单。注意：需为确认的往返机票。机票应该在签证颁发后出票付款。

未成年人（18岁以下）

学生证及学校出具的证明信原件，包含以下信息：
- ◆ 完整的学校地址和电话
- ◆ 准假证明
- ◆ 批准人的姓名和职位
- ◆ 复印件一份

未成年人单独旅行或者和单方家长旅行时：

1.（当未成年人单独旅行时）由双方家长或法定监护人出具的，或者（当未成年人跟随单方家长或监护人旅行时）由不同行的另一方家长或者监护人出具的出行同意书的公证书，并由外交部认证；在中国境外办理时由境外相关政府机构办理该公证。

2.家庭关系或监护关系公证书，并由外交部认证。

户口簿

户口簿原件（无需翻译）及户口簿所有页的复印件。

住宿证明

涵盖在申根国家停留的全部期间。

旅行计划

能够清晰展示旅行计划的文件（交通方式、预订行程单等）。

申请人偿还能力证明

最近3至6个月的银行对账单，无需存款证明。

在职人员：

---

2. 如果旅行及生活费用由本人支付，需提供本人偿付能力的证明。

在职人员的相关情况证明

1.由任职公司盖章的营业执照复印件。

2.由雇主出具的证明信(英文件，或者中文件附上英文翻译)，需使用公司正式的信头纸并加盖公章，签字，并明确日期及如下信息：
- ◆ 任职公司的地址、电话和传真号码
- ◆ 签字人员的姓名和职务
- ◆ 申请人姓名、职务、收入和工作年限
- ◆ 准假证明

住宿证明

涵盖在申根国家停留的全部期间。

公司的营业执照和雇主证明信原件

1.盖章的公司营业执照复印件，需使用公司正式的信头纸并加盖公章，签字，并须包含如下信息：
- ◆ 任职公司的详细地址和联系人
- ◆ 签字人员的姓名和职务
- ◆ 申请人姓名、职务、收入和工作年限
- ◆ 访问目的

2.公司为申请人保留职位的证明。

3.支付旅行和生活费用的单位或个人。

活动或培训主办方的邀请函原件

需使用公司正式的信头纸并加盖公章，签字，并须包含如下信息：
- ◆ 任职公司的详细地址和联系人
- ◆ 签字人员的姓名和职务

1. 盖章的公司营业执照复印件。

2. 由雇主出具的证明信（英文件，或者中文件附上英文翻译），需使用公司正式的信头纸并加盖公章，签字，并明确日期及如下信息：
- ◆ 任职公司的地址、电话和传真号码
- ◆ 签字人员的姓名和职务
- ◆ 申请人姓名、职务、收入和工作年限
- ◆ 准假证明

退休人员：养老金或其他固定收入证明。

未就业成人：已婚者：配偶的在职和收入证明 + 婚姻关系公证书（由外交部认证）。

单身/离异/丧偶：其他固定收入证明。

❖以参加文化体育活动为停留目的的申根签证❖

机票预订单
当申请多次入境旅游签证时，出具首次旅行的机票预订单。注意：需为确认的往返机票。机票应该在签证颁发后出票付款。

未成年人（18岁以下）
学生证及学校出具的证明信原件，包含以下信息：
- ◆ 完整的学校地址和电话
- ◆ 准假证明
- ◆ 批准人的姓名和职位
- ◆ 复印件一份

未成年人单独旅行或者和单方家长旅行时：
1. （当未成年人单独旅行时）由双方家长或法定监护人出具的，或者（当未成年人跟随单方家长或监护人旅行时）由不同行的另一方家长或者监护人出具的出行同意书的公证书，并由外交部认证；在中国境外办理时由境外相关政府机构办理该公证。
2. 家庭关系或监护关系公证书，并由外交部认证。

食宿证明
涵盖在申根国家停留的全部期间。

活动的所在国主办方的邀请函原件
需使用正式的信头纸，并须明确包含如下信息：
- ◆ 访问的目的和停留时间
- ◆ 详细的日程和路线安排
- ◆ 注明学习/体育活动的费用以及支付费用的单位
- ◆ 注明整个停留期间的住所

中国文化或体育机构的证明信原件
（需要提供英文件或中文件+英文翻译件）需使用公司的正式信头纸并加盖公章，并须明确包含如下信息：
- ◆ 该机构的详细地址和联系人
- ◆ 签字人员的姓名和职务
- ◆ 申请人姓名、职务、收入和工作年限（专业技术人员适用）
- ◆ 确认参加函
- ◆ 支付旅行和生活费用的单位
- ◆ 营业执照复印件（及英文翻译件）

❖ADS团体申根旅游签证❖

未成年人（18岁以下）
学生证及学校出具的证明信原件，包含以下信息：
- ◆ 完整的学校地址和电话
- ◆ 准假证明
- ◆ 批准人的姓名和职位
- ◆ 复印件一份

未成年人单独旅行或者和单方家长旅行时：
1. （当未成年人单独旅行时）由双方家长或法定监护人出具的，或者（当未成年人跟随单方家长或监护人旅行时）由不同行的另一方家长或者监护人出具的出行同意书的公证书，并由外交部认证；在中国境外办理时由境外相关政府机构办理该公证。
2. 家庭关系或监护关系公证书，并由外交部认证。

户口簿
户口簿原件（无需翻译）及户口簿所有页的复印件。

申请人偿付能力证明
最近3至6个月的银行对账单，无需存款证明。

在职人员的相关情况证明
1. 由任职公司盖章的营业执照复印件。
2. 由雇主出具的证明信（英文件，或者中文件附上英文翻译），需使用公司正式的信头纸并加盖公章，签字，并明确日期及如下信息：
- ◆ 任职公司的地址、电话和传真号码
- ◆ 签字人员的姓名和职务
- ◆ 申请人姓名、职务、收入和工作年限
- ◆ 准假证明

退休人员：养老金或其他固定收入证明。

未就业成人：已婚者：配偶的在职和收入证明 + 婚姻关系公证书（由外交部认证）。

单身/离异/丧偶：其他固定收入证明。

签证申请 / 护照领取委托书
Letter of authorization for visa application / passport return

本人，I,

姓名 Surname, first name	
护照号码 Passport Number	
出生日期 Date of Birth	
出生地 Birth place	

在此全权委托以下女士/先生
herein, fully authorize (Ms. / Mr.)

姓名 Surname, first name (Pinyin)	
出生日期 Date of birth	
护照号码/身份证号 Passport / ID card number	
与签证申请人的关系或代理机构名称 Relationship with the applicant or Name of the agency	
联系电话 Mobile / phone number	

向签证受理中心递交本人的签证申请、提交与本申请有关的任何解释说明或领取护照。本人对所填写的信息和提交的材料负责。本人已知悉每份签证申请或领取护照的委托书均必须为申请者本人（或未成年申请者的法定监护人）亲笔签名的原件，复印或共用无效。

to submit my visa application to Visa Application Center, to present any relevant explanation letter/statement or to pick up my passport. I will remain responsible for all the information and documents related to my application. I acknowledge that both for application submission and passport return, the letter of authorization must be originally signed by applicant (legal guardian of minor applicant), a copy or a shared original letter with other applicants is invalid.

日期/Date :   签名/Signature :

使领馆关于委托书的要求
Requirements of the Embassy / Consulate on the Letter of authorization:

1. 代理人递交签证申请或代领护照时，必须提供一份独立的委托书原件（每位申请者一份，不可与其他申请者共用）。委托书上的签名须与申请者护照、签证申请表上签名一致，且信息填写完整，不得有任何涂改。
Representative submitting a visa application or picking up a passport must provide an original letter of authorization (one original for each applicant, not sharable with other applicants). The signature on the letter of authorization must be identical with the signature on the passport and visa application form. The letter must be fully filled and no handwritten correction is allowed.

2. 未成年申请者：委托书必须由父母任何一方或法定监护人签名，注意：父母或法定监护人请不要代签未成年申请者的姓名。年龄以递交申请日/领取护照日是否达到18周岁为准。
如父母为未成年申请者代交申请或领取护照，不需要提供委托书，但须提供户口等证明关系的材料原件及复印件。
For minor applicants under the age of 18 years: The letter of authorization must be signed by one parent or a legal guardian. Please DO NOT sign the name of minor applicant. If parents submit the application for their children, the letter of authorization is not required, however family relationship proofs (original and copy) must be provided.

3. 如委托书缺失、涂改、版本或签名错误，签证受理中心将不受理相关的递交签证或领取护照的申请。
Visa Application Center cannot accept applications or passport return requests from representatives without letter of authorization or with a letter with handwritten corrections, wrong template or signature.

❸ 签证在线申请流程

在线注册	您只需花费几秒钟并提供一个常用的email地址即可在线注册（网址：https://cn.tlscontact.com/cnBJS2de/register.php）。
获得材料清单和申根签证申请表	注册完成后，您需要回答几个简单的问题，系统会根据您的回答自动生成一份符合您个人情况的材料清单。同时，您也会收到在线自动生成的申根签证申请表。
在线预约	您可以在线选择合适的递交签证申请的时间。 请注意如果您未按预约递交申请，您的个人注册信息将在预约当天自动删除。如想进行新的预约，需要重新注册。
准备签证申请材料	选好合适的递交签证申请的时间后，您需要根据此前提供的材料清单准备签证所需材料。请务必打印并携带在线生成的PDF格式的申根签证申请表和预约通知单。
前往中智签证德国受理中心递交材料	请携带好您的预约通知单、签证申请所需材料及护照准时来到中智签证德国受理中心，以避免不必要的等候。注意！申请者应按预约时间准时到达递交材料，不按时到达的申请者将不能递交并需要重新预约。 请注意，您的申请材料可以由代理人递交。代理人需要提供由申请人签字的委托书、代理人身份证原件和复印件（https://cn.tlscontact.com/cnBJS2de/upload/letter_of_authorization_cn.pdf下载委托书）。代理人无法提供授权书的申请恕不接受。 您只能在预计出发日期前90天开始您的签证申请。我们建议您至少在预计出发日期20天前开始您的签证申请。
递交材料	我们的工作人员会检查您准备的材料是否完整以及是否符合德意志联邦共和国驻华大使馆的要求。 在申请材料不完整的情况下，您可以在中心内补充已提供文件的复印件，或直接递交申请（此举可能增加拒签风险）。 若您不希望提交材料不完整的申请，您可以在三天之内用同一个德国签证受理中心账号登录我们的网站并重新预约。
交纳签证费及签证服务费	您可于签证中心以现金或刷卡（仅限中国银联）的方式支付签证费及签证服务费。 如您希望获取服务费发票，请在付费后向我们索取；而签证费的收据将随护照一同返还给您。
查询申请进程	您可以随时登录我们的网站并通过您的个人页面查询签证申请进程。 请注意，德意志联邦共和国驻华大使馆有可能要求您提交补充文件或亲自前来使领馆。
领取护照	当您的护照返回到中智签证德国受理中心北京中心后，我们会以电子邮件形式通知您前来领取。领取护照时请您携带您的申请表校对单、身份证原件及复印件。 如您希望他人代取您的护照，代取人需要出具以下材料： ● 申请人身份证复印件　● 申请人签证申请校对单 ● 委托书　● 受委托人身份证原件及复印件 ● 签证知识

❹ 申根签证

申根签证

持申根签证在申根国家最长逗留期为每半年90天。若签证上有效期更短，则以签证上有效期为准。

申根国家包括：比利时、丹麦、德国、爱沙尼亚、芬兰、法国、希腊、冰岛、意大利、拉脱维亚、列支敦士登、立陶宛、卢森堡、马耳他、荷兰、挪威、奥地利、波兰、葡萄牙、瑞典、瑞士、斯洛伐克、斯洛文尼亚、西班牙、捷克和匈牙利。

英国和爱尔兰不是申根国家。需前往一申根国家及英国或爱尔兰的旅行者，需要申请两个签证。为此旅行者须登陆这两个国家使馆的网站了解其签证申请程序的信息。

准备前往一个或多个申根国家的旅行者，须向主要旅行目的国的驻华代表机构提出签证申请。

申请签证

签证申请最早可在预计出发日期前三个月递交。德国驻华使领馆各签证处建议申请人最晚在预计出发日期前至少三周递交签证申请，这样您可在出发前一周获得签证。如果您签证上的信息或有效期有误，也有足够的时间修改签证。

申根签证处理时间通常为5至10个工作日。若处理时间（如在递签高峰5月至9月）可能延长，德国驻华使领馆各签证处会在网页上做出提示。

申请签证的地方

准备前往一个或多个申根国家的旅行者，必须首先考虑向哪个国家的驻华代表机构申请签证。

主管驻华代表机构的确定（以主要目的国为准）：

1.只前往一个申根国家的旅行者，须在该国驻华代表机构申请签证。

2.准备前往多个申根国家的旅行者，须向主要逗留国（主要旅行目的国）的驻华代表机构提出签证申请。

3.没有明显的主要逗留国时，向进入申根地区的第一个国家的驻华代表机构提出签证申请。

附：申根签证申请表

This application form should be filled out in English
此表格必须用英文填写

Antrag auf Erteilung eines Schengen–Visums
Application for Schengen Visa
申根签证申请表

Dieses Antragsformular ist unentgeltlich
This application form is free
此表格免费提供

	Foto / PHOTO / 照片

Field			RESERVIERT FÜR AMTLICHE EINTRAGUNGEN
1. Name (Familienname) (*)/ Surname (Family name)/ 姓			Datum des Antrags:
2. Familienname bei der Geburt (frühere(r) Familienname(n)) (*)/ Surname at birth (Former family name (s))/ 出生时姓			Nr. des Visumantrags
3. Vorname(n) (Beiname(n)) (*)/ First name (s) (Given name (s))/ 名			
4. Geburtsdatum (Jahr-Monat-Tag) Date of birth (day-month-year) 出生日期 (日-月-年)	5. Geburtsort Place of birth/ 出生地	7. Derzeitige Staatsangehörigkeit Current nationality/ 现国籍	Antrag eingereicht bei □ Botschaft/Konsulat □ Gemeinsame Antragsbearbeitungsstelle □ Dienstleistungserbringer □ Kommerzieller Vermittler □ Grenze Name: □ Sonstige Stelle
	6. Geburtsland/ Country of birth/ 出生国	Staatsangehörigkeit bei der Geburt (falls nicht wie oben)/ Nationality at birth, if different 出生时国籍，如与现国籍不同	
8. Geschlecht/ Sex/ 性别 □ männlich/ Male/ 男 □ weiblich/ Female/ 女	9. Familienstand/ Marital status/ 婚姻状况 □ ledig/ Single/ 未婚 □ verheiratet/ Married/ 已婚 □ getrennt/ Separated/ 分居 □ geschieden/ Divorced/ 离异 □ verwitwet/ Widow (er)/ 丧偶 □ (Sonstiges (bitte nähere Angaben)/ Other/ 其它 (请注明)：		Akte bearbeitet durch: Belege: □ Reisedokument □ Mittel zur Bestreitung des Lebensunterhalts □ Einladung □ Beförderungsmittel □ Reisekrankenversicherung □ Sonstiges: Visum: □ Abgelehnt □ Erteilt: □ A □ C □ Visum mit räumlich beschränkter Gültigkeit □ Gültig vom ..... bis...... Anzahl der Einreisen: □ 1 □ 2 □ mehrfach Anzahl der Tage:
10. Bei Minderjährigen: Name, Vorname, Anschrift (falls abweichend von der des Antragstellers) und Staatsangehörigkeit des Inhabers der elterlichen Sorge / des Vormunds In the case of minors: Surname, first name, address (if different from applicant's) and nationality of parental authority/ legal guardian 未成年申请人须填写合法监护人的姓名、住址(如与申请人不同) 及国籍			
11. ggf. nationale Identitätsnummer/ National identity number, where applicable/ 身份证号码，如适用			
12. Art des Reisedokuments/ Type of travel document/ 旅行证件种类: □ Normaler Pass Ordinary passport / 普通护照 □ Diplomatenpass Diplomatic passport / 外交护照 □ Dienstpass Service passport / 公务护照 □ Amtlicher Pass Official passport / 因公护照 □ Sonderpass Special passport / 特殊护照 □ Sonstiges Reisedokument (bitte nähere Angaben)/ Other (please specify)/ 其它旅行证件(请注明):			
13. Nummer des Reisedokuments Number of travel document 旅行证件编号	14. Ausstellungsdatum Date of issue 签发日期	15. Gültig bis Valid until 有效期至	16. Ausgestellt durch Issued by 签发机关
17. Wohnanschrift und E-Mail-Adresse des Antragstellers Applicant's home address and e-mail address 申请人住址及电子邮箱		Telefonnummer(n) Telephone number(s) 电话号码	
18. Wohnsitz in einem anderen Staat als dem, dessen Staatsangehörige(r) Sie gegenwärtig sind/ Residence in a country other than the country of current nationality/ 是否居住在现国籍以外的国家 □ Nein/ No/ 否 □ Ja/ Yes/ 是 Aufenthaltstitel oder gleichwertiges Dokument Nr. Gültig bis/ Valid until/ 有效期至： Residence permit or equivalent No 居留证编号：			

* Felder 1-3 sind entsprechend den Angaben im Reisedokument auszufüllen/Fields 1-3 shall be filled in accordance with the data in the travel document/表格第1-3 项须按照旅行证件上的信息填写。

Disclaimer: This translation is provided solely as a courtesy, in all cases the English/German versions shall be decisive regarding any interpretation of the text./本译文仅供参考，所有对本文件的解释以英文/德文版为准

附：申根签证申请表

19. Derzeitige berufliche Tätigkeit/ Current occupation/ 现职业

* 20. Anschrift und Telefonnummer des Arbeitgebers. Für Studenten, Name und Anschrift der Bildungseinrichtung.
Employer and employer's address and telephone number. For students, name and address of educational establishment.
工作单位名称，地址和电话，学生填写学校名称及地址

21. Hauptzweck(e) der Reise / Main purpose(s) of the journey / 主要旅行目的：

☐ Tourismus / Tourism / 旅游
☐ Geschäftsreise / Business / 商务
☐ Besuch von Familienangehörigen oder Freunden / Visiting Family or Friends / 探亲访友

☐ Kultur / Cultural / 文化
☐ Sport / Sports / 体育
☐ Offizieller Besuch / Official visit / 官方访问

☐ Gesundheitliche Gründe / Medical reasons / 医疗
☐ Studium / Study / 学习
☐ Durchreise / Transit / 过境

☐ Flughafentransit / Airport transit / 机场过境
☐ Sonstiges (bitte nähere Angaben) / Other (please specify) / 其它 (请注明)

22. Bestimmungsmitgliedstaat(en) / Member State (s) of destination / 目的申根国

23. Mitgliedstaat der ersten Einreise / Member State of first entry / 首入申根国

24. Anzahl der beantragten Einreisen / Number of entries requested / 申请入境次数

25. Dauer des geplanten Aufenthalts oder der Durchreise / Duration of the intended stay or transit / 预计逗留期或过境期

☐ Einmalige Einreise / Single entry/ 一次
☐ Zweimalige Einreise / Two entries/ 两次

Anzahl der Tage angeben / Indicate number of days / 逗留或过境天数

☐ Mehrfache Einreise / Multiple entries/ 多次

26. Schengen-Visa, die in den vergangenen drei Jahren erteilt wurden / Schengen visas issued during the past three years / 过去三年获批的申根签证

☐ Keine / No/ 没有

☐ Ja/ Yes/ 有   Gültig von/ Date (s) of validity from / 有效期自   bis/ to / 至

27. Wurden Ihre Fingerabdrücke bereits für die Zwecke eines Antrags auf ein Schengen-Visum erfasst?
Fingerprints collected previously for the purpose of applying for a Schengen visa
以往申请申根签证是否有指纹纪录

☐ Nein/ No/ 没有   ☐ Ja/ Yes/ 有   Datum (falls bekannt) / Date, if known / 如有，请注明日期
....

28. Ggf. Einreisegenehmigung für das Endbestimmungsland/ Entry permit for the final country of destination, where applicable
最终目的国入境许可，如适用请注明

Ausgestellt durch/ Issued by/ 签发机关   Gültig von/ Valid from/ 有效期自............   bis/ until/ 至...............

29. Geplantes Ankunftsdatum im Schengen-Raum / Intended date of arrival in the Schengen area / 预计进入申根国日期

30. Geplantes Abreisedatum aus dem Schengen-Raum / Intended date of departure from the Schengen area / 预计离开申根国日期

Die mit * gekennzeichneten Felder müssen von Familienangehörigen von Unionsbürgern und von Staatsangehörigen des **EWR** oder der Schweiz (Ehegatte, Kind oder abhängiger Verwandter in aufsteigender Linie) in Ausübung ihres Rechts auf Freizügigkeit nicht ausgefüllt werden. Diese müssen allerdings ihre Verwandtschaftsbeziehung anhand von Dokumenten nachweisen und die Felder Nr. 34 und 35 ausfüllen. (x)Die Felder 1-3 sind entsprechend den Angaben im Reisedokument auszufüllen.
The fields marked with * shall not be filled by family members of EU, EEA or CH citizens (spouse, child or dependent ascendant) while exercising their right to free movement. Family members of EU, EEA or CH citizens shall present documents to prove this relationship and fill in fields No 34 and 35.
欧盟、欧洲经济区或瑞士公民的家庭成员(配偶、子女或赡养的老人)有行使其自由往来的权利，不必回答带（*）号的问题。欧盟、欧洲经济区或瑞士公民的家庭成员必须填写表格第34 及35 项的问题并提交证明其亲属关系的文件。

Disclaimer: This translation is provided solely as a courtesy, in all cases the English/German versions shall be decisive regarding any interpretation of the text./本译文仅供参考，所有对本文件的解释以英文/德文版为准

附：申根签证申请表

*31. Name und Vorname der einladenden Person(en) in dem Mitgliedstaat bzw. den Mitgliedstaaten. Soweit dies nicht zutrifft, bitte Name des/der Hotels oder vorübergehende Unterkunft (Unterkünfte) in dem (den) betreffenden Mitgliedstaat(en) angeben.
Surname and first name of the inviting person (s) in the Member State (s). If not applicable, name of hotel (s) or temporary accommodation (s) in the Member States (s)
申根国的邀请人姓名，如无邀请人，请填写申根国的酒店或暂住居所的名称

Adresse und E-Mail-Anschrift der einladenden Person(en)/ jedes Hotels/ jeder vorübergehenden Unterkunft Address and e-mail address of inviting person (s)/ hotel (s)/ temporary accommodation (s) 邀请人/酒店/暂住居所的地址及电子邮件	Telefon und Fax Telephone and telefax 电话及传真号码

*32. Name und Adresse des einladenden Unternehmens/der einladenden Organisation Name and address of inviting company/ organization 邀请公司或机构名称及地址	Telefon und Fax des Unternehmens/ der Organisation/ Telephone and telefax of company/organisation/ 邀请方电话及传真号码

Name, Vorname, Adresse, Telefon, Fax und E-Mail-Anschrift der Kontaktperson im Unternehmen/in der Organisation
Surname, first name, address, telephone, telefax, and e-mail address of contact person in company / organisation
邀请公司/机构的联系人姓名、地址、电话、传真及电子邮件

*33. Die Reisekosten und die Lebenshaltungskosten während des Aufenthalts des Antragstellers werden getragen
Cost of traveling and living during the applicant's stay is covered
旅费以及在国外停留期间的生活费用

□ durch den Antragsteller selbst/by the applicant himself/herself/ 由申请人支付	□ durch andere (Gastgeber, Unternehmen, Organisation)/ by a sponsor (host, company, organisation) 由赞助人（邀请人、公司或机构）支付 bitte nähere Angaben/ please specify/ 请注明：
Mittel zur Bestreitung des Lebensunterhalts/ Means of support / 支付方式	□ siehe Feld 31 oder 32/ referred to in field 31 or 32/ 参照表格第 31 和 32 项
□ Bargeld / Cash / 现金	□ von sonstiger Stelle (bitte nähere Angaben)/ other (please specify) 其它 (请注明)：
□ Reiseschecks / Traveller's cheques / 旅行支票	
□ Kreditkarte / Credit card / 信用卡	Mittel zur Bestreitung des Lebensunterhalts / Means of support / 支付方式
□ Im Voraus bezahlte Unterkunft / Prepaid accommodation / 预缴住宿	□ Bargeld / Cash / 现金
□ Im Voraus bezahlte Beförderung / Prepaid transport / 预缴交通费	□ Zur Verfügung gestellte Unterkunft / Accommodation provided 提供住宿
□ Sonstiges (bitte nähere Angaben) / Other (please specify) / 其它(请注明)	□ Übernahme sämtlicher Kosten während des Aufenthalts/ All expenses covered during the stay / 支付旅行期间所有开支
	□ Im Voraus bezahlte Beförderung / Prepaid transport / 预缴交通费
	□ Sonstiges (bitte nähere Angaben) / Other (please specify) / 其它(请注明)

34. Persönliche Daten des Familienangehörigen, der Unionsbürger oder Staatsangehöriger des EWR oder der Schweiz ist
Personal data of the family member who is an EU, EEA or CH citizen
家庭成员为欧盟、欧洲经济区或瑞士公民，请填写其个人信息

Name/ Surname/ 姓		Vorname(n)/ First name(s)/ 名
Geburtsdatum Date of birth 出生日期	Nationalität Nationality 国籍	Nr. des Reisedokuments oder des Personalausweises Number of travel document or ID card 旅行证件编号或身份证号码

Disclaimer: This translation is provided solely as a courtesy, in all cases the English/German versions shall be decisive regarding any interpretation of the text./本译文仅供参考，所有对本文件的解释以英文/德文版为准

019

附：申根签证申请表

35. Verwandtschaftsverhältnis zum Unionsbürger oder Staatsangehörigen des EWR oder der Schweiz Family relationship with an EU, EEA or CH citizen 申请人与欧盟、欧洲经济区或瑞士公民亲属的关系			
☐ Ehegatte spouse 配偶	☐ Kind child 子女	☐ Enkelkind grandchild 孙儿女	☐ abhängiger Verwandter in aufsteigender Linie dependent ascendant 瞻养的老人
36. Ort und Datum Place and date 地点及日期	37. Unterschrift (für Minderjährige Unterschrift des Inhabers der elterlichen Sorge / des Vormunds) Signature (for minors, signature of parental authority/legal guardian) 签字（未成年人由其监护人代签）		

Mir ist bekannt, dass die Visumgebühr bei Ablehnung des Visumantrages nicht erstattet wird.
I am aware that the visa fee is not refunded if the visa is refused.
本人知道如果所申请的签证被拒签，签证费不予退还。

Im Falle der Beantragung eines Visums für mehrfache Einreisen (siehe Feld 24)
Applicable in case a multiple-entry visa is applied for (cf. field No24)
适用于申请多次入境签证的申请人（参照表格第 24 项）：

Mir ist bekannt, dass ich über eine angemessene Reisekrankenversicherung für meinen ersten Aufenthalt und jeden weiteren Besuch im Hoheitsgebiet der Mitgliedstaaten verfügen muss.
I am aware of the need to have an adequate travel medical insurance for my first stay and any subsequent visits to the territory of Member Status.
本人知道首次及其后各次出发到申根国家领域，必须拥有足够保额的旅行医疗保险。

Mir ist bekannt und ich bin damit einverstanden, dass im Hinblick auf die Prüfung meines Visumantrags die in diesem Antragsformular geforderten Daten erhoben werden müssen, ein Lichtbild von mir gemacht werden muss und gegebenenfalls meine Fingerabdrücke abgenommen werden müssen. Die Angaben zu meiner Person, die in diesem Visumantrag enthalten sind, sowie meine Fingerabdrücke und mein Lichtbild werden zwecks Entscheidung über meinen Visumantrag an die zuständigen Behörden der Mitgliedstaaten weitergeleitet und von diesen Behörden bearbeitet.
I am aware of and consent to the following: the collection of the data required by this application form and the taking of my photograph and, if applicable, the taking of fingerprints, are mandatory for the examination of the visa application; and any personal data concerning me which appear on the visa application form, as well as my fingerprints and my photograph will be supplied to the relevant authorities of the Member States and processed by those authorities, for the purposes of a decision on my visa application.

本人知悉并同意以下条款：该申请表中所有关于本人的个人信息、照片或采集的指纹信息本均为审核本人的签证所需。本人在该申请表中所填写的所有个人信息、指纹样本和照片均可提供给申根国家的相关主管部门，以便其受理本人的签证申请并对申请作出决定。

Diese Daten sowie Daten in Bezug auf die Entscheidung über meinen Antrag oder eine Entscheidung zur Annullierung, Aufhebung oder Verlängerung eines Visums werden in das Visa-Informationssystem (VIS)¹ eingegeben und dort höchstens fünf Jahre gespeichert; die Visumbehörden und die für die Visumkontrolle an den Außengrenzen und in den Mitgliedstaaten zuständigen Behörden sowie die Einwanderungs- und Asylbehörden in den Mitgliedstaaten haben während dieser fünf Jahre Zugang zum VIS, um zu überprüfen, ob die Voraussetzungen für die rechtmäßige Einreise in das Gebiet und den rechtmäßigen Aufenthalt im Gebiet der Mitgliedstaaten erfüllt sind, um Personen zu identifizieren, die diese Voraussetzungen nicht bzw. nicht mehr erfüllen, um einen Asylantrag zu prüfen und um zu bestimmen, wer für diese Prüfung zuständig ist. Zur Verhütung und Aufdeckung terroristischer und anderer schwerer Straftaten und zur Ermittlung wegen dieser Straftaten haben unter bestimmten Bedingungen auch benannte Behörden der Mitgliedstaaten und Europol Zugang zu diesen Daten. Die für die Verarbeitung der Daten zuständige Behörde des Mitgliedstaates ist: Bundesverwaltungsamt, D-50728 Köln, visa@bva.bund.de.

Such data as well as data concerning the decision taken on my application or a decision whether to annul, revoke or extend a visa issued will be entered into, and stored in the Visa Information System (VIS) (¹) for a maximum period of five years, during which it will be accessible to the visa authorities and the authorities competent for carrying out checks on visas at external borders and within the Member States, immigration and asylum authorities in the Member States for the purposes of verifying whether the conditions for the legal entry into, stay and residence on the territory of the Member States are fulfilled, of identifying persons who do not or who no longer fulfill these conditions, of examining an asylum application and of determining responsibility for such examination. Under certain conditions the data will be also available to designated authorities of the Member States and to Europol for the purpose of the prevention, detection and investigation of terrorist offences and of other serious criminal offences. The authority of the Member State responsible for processing the data is: Bundesverwaltungsamt, D-50728 Köln, visa@bva.bund.de.

该信息以及签证结果甚或签证注销、撤消或延期的决定将一并收录到签证信息系统(¹) (VIS 系统) 并最长保存五年，在此期间，所有申根成员国的相关签证部门、边境及境内的签证检查部门以及移民局和难民局均有权登入 VIS 系统，核查签证申请人是否满足进入申根国境并在境内逗留的相应前提条件；核实不满足或不再满足该前提条件的签证申请人；审核难民申请并确定出签申请的主管部门。必要时，各申根成员国的特定部门以及欧盟刑警组织均有权参阅该信息，用于预防、侦察和调查恐怖活动及其它严重犯罪行为。德国负责管理该类信息的部门及其联系方式为：Bundesverwaltungsamt, D-50728 Köln, visa@bva.bund.de。

Mir ist bekannt, dass ich berechtigt bin, in jedem beliebigen Mitgliedstaat eine Mitteilung darüber einzufordern, welche Daten über mich im VIS gespeichert wurden und von welchem Mitgliedstaat diese Daten stammen; außerdem bin ich berechtigt zu beantragen, dass mich betreffende Daten, die unrichtig sind, korrigiert und rechtswidrig verarbeitete Daten, die mich betreffen, gelöscht werden. Die konsularische Vertretung, die meinen Antrag prüft, liefert mir auf ausdrücklichen Wunsch Informationen darüber, wie ich mein Recht wahrnehmen kann, die Daten zu meiner Person zu überprüfen und unrichtige Daten gemäß den Rechtsvorschriften des betreffenden Mitgliedstaats ändern oder löschen zu lassen, sowie über die Rechtsmittel, die das Recht des betreffenden Mitgliedstaats vorsieht. Zuständig für Beschwerden über den Schutz personenbezogener Daten ist die staatliche Aufsichtsbehörde dieses Mitgliedstaates: Der Bundesbeauftragte für den Datenschutz und die Informationsfreiheit, Husarenstraße 30, D-53117 Bonn, Tel.: +49 (0)228-997799-0, Fax: +49 (0)228-997799-550, poststelle@bfdi.bund.de, www.bfdi.bund.de

---

1 Soweit das VIS einsatzfähig ist. / In so far as the VIS is operational.

Disclaimer: This translation is provided solely as a courtesy, in all cases the English/German versions shall be decisive regarding any interpretation of the text./本译文仅供参考，所有对本文件的解释以英文/德文版为准

附：申根签证申请表

德国推荐

I am aware that I have the right to obtain in any of the Member States notification of the data relating to me recorded in the VIS and of the Member State which transmitted the data, and to request that data relating to me which are inaccurate be corrected and that data relating to me processing unlawfully be deleted. At my express request, the authority examining my application will inform me of the manner in which I may exercise my right to check the personal data concerning me and have them corrected or deleted, including the related remedies according to the national law of the State concerned. The national supervisory authority of that Member State [Der Bundesbeauftragte für den Datenschutz und die Informationsfreiheit, Husarenstraße 30, D-53117 Bonn, Tel.: +49 (0)228-997799-0, Fax: +49 (0)228-997799-550, poststelle@bfdi.bund.de, www.bfdi.bund.de] will hear claims concerning the protection of personal data.

本人知悉本人有权要求任何一个申根成员国告知 VIS 系统中都收录了本人哪些个人信息，是由哪个申根成员国收录进去的。除此之外，本人亦有权申请更正系统中收录的错误信息并删除不合法信息。审核本人签证申请的领事机构会应本人要求提供相关说明性信息，如签证申请应如何行使审核个人信息的权力，依据相关申根成员国的法律规定要求更正甚或删除不正确的个人信息的权力以及如何行使相关申根成员国的主管部门就个人信息保护事宜依法申诉的权力。负责个人资料保护申诉事宜的主管部门为各申根成员国的国家监督局，在德国授权处理该类事宜的部门和联系方式为：Der Bundesbeauftragte für den Datenschutz und die Informationsfreiheit, Husarenstraße 30, D-53117 Bonn, Tel.: +49 (0)228-997799-0, Fax: +49 (0)228-997799-550, poststelle@bfdi.bund.de, www.bfdi.bund.de.

Ich versichere, dass ich die vorstehenden Angaben nach bestem Wissen und Gewissen gemacht habe und dass sie richtig und vollständig sind. Mir ist bewusst, dass falsche Erklärungen zur Ablehnung meines Antrags oder zur Annullierung eines bereits erteilten Visums führen und die Strafverfolgung nach den Rechtsvorschriften des Mitgliedstaats, der den Antrag bearbeitet, auslösen können.

I declare that to the best of my knowledge all particulars supplied by me are corrected and completed. I am aware that any false statements will lead to my application being rejected or to the annulment of a visa already granted and may also render me liable to prosecution under the law of the Member State which deals with the application.

本人确保以上信息均系本人如实提供，确保信息正确而完整。本人知悉提供虚假信息可导致本人签证申请被拒签或已得到的签证被注销甚或受理本人签证的申根国会因此而对本人追究刑事责任。

Ich verpflichte mich dazu, das Hoheitsgebiet der Mitgliedstaaten vor Ablauf des Visums zu verlassen, sofern mir dieses erteilt wird. Ich wurde davon in Kenntnis gesetzt, dass der Besitz eines Visums nur eine der Voraussetzungen für die Einreise in das europäische Hoheitsgebiet der Mitgliedstaaten ist. Aus der Erteilung des Visums folgt kein Anspruch auf Schadensersatz, wenn ich die Voraussetzungen nach Artikel 5 Absatz 1 der Verordnung (EG) Nr. 562/2006 (Schengener Grenzkodex) nicht erfülle und mir demzufolge die Einreise verweigert wird. Die Einreisevoraussetzungen werden bei der Einreise in das europäische Hoheitsgebiet der Mitgliedstaaten erneut überprüft.

I undertake to leave the territory of the Member States before the expiry of the visa, if granted. I have been informed that possession of a visa is only one of the prerequisites for entry into the European territory of the Member States. The mere fact that a visa has been granted to me does not mean that I will be entitled to compensation if I fail to comply with the relevant provisions of Article 5(1) of Regulation (EC) No 562/2006 (Schengen Borders Code) and I am therefore refused entry. The prerequisites for entry will be checked again on entry into the European territory of the Member States.

如本人的签证申请被批准，本人有义务在签证到期前离开申根国境。本人亦获悉得到签证仅是具备了进入申根国境的前提条件之一，如果本人因未满足编号为 EC562/2006 的欧洲共同体协定中第 5 条第 1 款中所述前提条件而被拒绝入境，本人不得要求赔偿。在进入申根成员国的领土时，入境条件将被再次审核。

Ort und Datum Place and date 地点及日期	Unterschrift (für Minderjährige Unterschrift des Inhabers der elterlichen Sorge / des Vormunds) Signature (for minors, signature of parental authority/legal guardian) 签字（未成年人由其监护人代签）

附：申根签证申请表

55 Abs. 1 i.V.m. § 55 Abs. 2 Nr. 1 Aufenth G bestimmt, dass ein Ausländer / eine Ausländerin aus Deutschland ausgewiesen werden kann, wenn er/ sie im Visumverfahren (auch gegenüber den Behörden eines anderen Anwenderstaates des Schengener Durchführungsübereinkommens) falsche oder unvollständige Angaben zum Zwecke der Erlangung eines Aufenthaltstitels gemacht hat. Der Antragsteller/ die Antragstellerin ist verpflichtet, alle Angaben nach bestem Wissen und Gewissen zu machen. Sofern Angaben bewusst falsch oder unvollständig gemacht werden, kann dies zur Folge haben, dass der Antrag auf Erteilung eines Visums abgelehnt wird bzw. die Antragstellerin/ der Antragsteller aus Deutschland ausgewiesen wird, sofern ein Visum bereits erteilt wurde. Durch die Unterschrift bestätigt der Antragsteller/ die Antragstellerin, dass er/ sie über die Rechtsfolgen falscher oder unvollständiger Angaben im Visumverfahren belehrt worden ist.

Section 55 (1) in conjunction with section 55 (2) (1) of the Residence Act provides that a foreigner may be expelled if he/she has furnished false or incomplete information during the visa application process (also to the relevant authorities of another Schengen Agreement member country) for the purpose of obtaining a residence title. The applicant is obliged to provide all information to the best of his/her knowledge and belief. If he/she knowingly furnishes false or incomplete information, the visa application may be refused or the applicant expelled from Germany, should a visa already have been issued. With his/her signature, the applicant certifies that he/she has been informed of the legal consequences of furnishing false or incomplete information in the course of visa proceedings.

根据德国《居留法》第55条第1款和第55条第2款第1项规定，若外国人为了获得居留许可而在申根签证过程中向德国相关主管机构（或执行申根协定的其它申根成员国的相关机构）提供了虚假或不详实信息，会因此而被驱逐出境。申请人有义务如实提供所有信息。故意提供虚假或不详实信息，可导致签证申请被拒签，即便已经获得签证，也会被驱逐出德国。申请人通过在本声明上签名，确认自己已知悉在申根签证过程中提供虚假或不详实信息会造成的法律后果。

Ort und Datum Place and date 地点及日期	Unterschrift (für Minderjährige Unterschrift des Inhabers der elterlichen Sorge / des Vormunds) Signature (for minors, signature of parental authority/legal guardian) 签字（未成年人由其监护人代签）

Disclaimer: This translation is provided solely as a courtesy, in all cases the English/German versions shall be decisive regarding any interpretation of the text./本译文仅供参考，所有对本文件的解释以英文/德文版为准

重要提示

如无视管辖规定，虚报材料向非主管的申根国家驻外代表机构提交签证申请，将可能导致拒签。即使获得了签证，最终在机场入境检查时也可能遇到问题。如最终在入境检查时发现向错误的国家申请了签证，即使签证有效，也将被拒绝入境德国。

如您现在发觉您必须向另一申根国家申请签证，您可以通过如下链接登陆其驻华代表机构的网站：（链接至欧洲联盟驻华代表团网页，其中列出了所有成员国使馆的网址）http://eeas.europa.eu/delegations/china/travel_to_eu/embassies/index_en.htm。

如您确定要为您的旅行申请德国申根签证，那么您应了解5个德国驻华使领馆中的哪一个负责处理您的申请。

您居住地或常住地所在领事辖区决定哪一德国驻华使领馆负责受理您的申根签证申请。这与您的出生地、护照出具地或户口所在地无关，仅仅取决于您实际的居住地或常住地。

居住地/常住地一般是指一个人生活和工作所在地。如果已在某地逗留六个月或从开始在该地逗留算起预计在该地逗留6个月，该地可被认为是常住地。如常住地与户口本或者护照出具地不符，申请人须提供常住地证明（如附有现居住地址的暂住证明、派出所出具的临时住宿登记证明和工作合同等）。

只有在个别特殊情况下，使领馆才会破例处理非其领事辖区内的签证申请事务。如有需要，请您与相关签证处联系。

如您通过中智签证公司的签证受理中心申请申根签证，您也可以在中智签证的网页上选择正确的领事辖区。

处理时间和进度查询

申根签证的处理时间一般情况为3个工作日，若处理时间（如在递签高峰5月至9月）可能延长，德国驻华使领馆各签证处会在网页上做出提示。根据Visakodex规定处理时间为10个工作日。正常处理期内，原则上概不对处理进度查询进行答复。

如您通过中智签证公司递交签证申请，因需转交申请，正常处理时间之外还需要2天（如在沈阳递签，则为3至4天）的运送时间。您可以随时通过中智签证公司的网站查询您的申请/护照位于何处。

签证费用

下列申根签证费折合人民币支付，具体如下：

申根签证和机场过境签证（与签证有效期的长短无关）	60 欧元
6至12岁的儿童	35 欧元
6岁以下的儿童	免费

需支付的人民币金额根据欧洲中央银行的汇率计算。

通过签证申请受理中心递签的服务费

除签证费外，中智签证公司还收取25欧元服务费，同样折合人民币支付。通过中智签证公司递签是自愿的。签证费及服务费根据当前汇率折合人民币后的金额请参看中智签证公司的网页：https://cn.tlscontact.com/cnBJS2de/help.php?id=cost_visa。

提示：如所提交的申请被拒签，则签证费不予退还。

获得签证及入境申根区

领取签证后，申请人应及时核对签证上的各项信息是否正确，尤其是签证有效期的起止日期及逗留天数是否与所申请的相符。此外应核对签证上的个人信息如姓名和护照号是否正确。如果发现错误，立即通知签证处。

持有申根签证并不意味着拥有入境的法律权利。能否进入申根区由负责入境检查的边防警察最终决定。除护照和有效签证外，您在入境时可能还会被要求出示证明您经济实力、逗留时间和目的的材料及医疗保险证明。因此，您应携带一份签证申请材料（来自德国的邀请函、酒店预订证明及医疗保险证明）的复印件入境。如有的话，也带上经济担保函的原件。

未成年人的签证申请程序

未成年人（未满18岁）通常与父母、其他亲属（如祖父母、姑姑、叔叔等）或陪同人员（如参加学生交流项目者）一同出行。未成年人受法律的特殊保护，其权利和义务受到限制。因此，未成年人申请签证时须注意以下特殊事项。

未成年人递交签证申请

未成年人必须在至少一方父母/监护人的陪同下亲自来使馆面签。如通过签证申请受理中心递签，未成年人则无需亲自面签，其签证申请可由一位监护人代为递交。监护人一方也可以委托第三方（全权代表）递签。更多关于向签证申请受理中心递签的信息请参看这里：https://cn.tlscontact.com/cnBJS2de/help.php#apply_for_me

关于签字的要求

未成年人的申根签证申请表必须由其父母或监护人双方签名。

对于未成年人护照的要求请遵循以下原则：10岁以下未成年人护照签字页可以由其本人签字，但不要求必须签字。10岁（包括10岁）以上的未成年人必须由其本人签字。

无论何种情况，护照签字页都不允许父母或监护人代替未成年人签字。如护照已由其他人代为签字，这本护照将无法用于申请德国申根签证。

父母/监护人双方与孩子同行

如父母双方和孩子一同去德国旅行并同时申请签证，须提供亲属关系证明（确认谁是孩子的父母/监护人）。

父母一方与孩子同行

如只有父母/监护人一方与孩子同行，须提供亲属关系证明的公证书（确认谁是孩子的父母/监护人）。此外，不同行父母/监护人一方须在公证人处办理同意声明公证书。两份文件均须认证。

不同行父母/监护人一方的同意声明

不同行父母或监护人一方须亲自向公证人声明他/她同意其未成年子女出行并书面确认谁是其孩子在申根区逗留期间的负责人。公证人将在签署过的同意声明的基础上出具公证书。

孩子参加学生交流项目

如孩子单独或与老师/陪同人员出行，须提交亲属关系证明的公证书（确认谁是孩子的父母/监护人）。此外必须提交父母/监护人同意孩子出行的同意声明的公证书。两份文件均须认证。

亲属关系证明

使馆/总领事馆不接受亲属关系证明的中文书原件。中文原件通常只是为在中国使用而出具的，不能直接用于申请签证。只有经中国外交部或省市外办认证过的公证书才能被接受。

为证明您和孩子之间的亲属关系，您必须提供：经中国外交部或省市外办认证过并附英文或德文译文的出生医学证明公证书的原件。

父母一方生活在德国

如孩子想探望目前生活在德国的父母一方，则不需提供该父母一方的同意声明。但须向签证处提交该父母一方有效居留许可及护照签字页的各一份复印件。此外还须提供一份邀请函（无格式要求）。如有其他问题，请通过填写联络表格咨询主管的签证处。

孩子只与父母一方生活

如果亲属关系证明中写明未成年人自出生起就只有一方父母/一位法定监护人，这种情况下，无需提供另一方父母的同意声明。

如果未成年人的父母分开生活或离异，即使只有父母一方照顾孩子的日常生活，仍必须提交经认证过的父母另一方同意声明的公证书。将抚养权转移给父母一方，并不能免于提供另一方父母的同意声明。只有法院将全部监护权判决给父母一方的情况下，签证处才不要求提交另一方父母的同意声明。这种情况下，递交签证申请时必须提供经主管部门认证过的相应法院判决书的公证书。

如何办理上述材料？

请持中国证明文书原件（通常是未成年人的出生医学证明）到能够出具在国外使用公证书的主管公证处办理公证。一般根据证明文书所有人的户口所在地或常住地确定主管公证处。

若没有出生医学证明（如因孩子在1996年1月1日前出生，医院没有启用统一版本的出生证明，或出生证明已丢失），请联系公证处咨询公证亲属关系证明需要提交哪些替代材料。

公证处根据证明文书原件出具公证书，还可附上德文或英文译文，或请指定的翻译公司翻译。公证人通常也会公证译文的正确性。

公证书随后必须经过公证处所在地区对外事务主管部门的认证。如在北京，由中国外交部认证处办理，如在其他省市，则通过省市的外办认证。您可以拨打114查号台或登录如下列出的中国外交部的网站（http://cs.mfa.gov.cn）查询相关外事部门的电话。

各种中介也向其顾客提供办理上述手续的服务，但顾客需为此支付服务费。

以上所有信息都是外国使领馆根据经验总结的，但是并不对其准确性负责，因为具体程序都是由中国的政府机构决定的。

如果父母一方已去世，必须提供经主管部门认证过的死亡证明的公证书。这种公证书的办理方式与亲属关系证明公证书的办理方式相同。

如果孩子想探望目前生活在德国的父母一方，则不需提供该父母一方的同意声明。但须向签证处提交该父母一方有效居留许可及护照签字页的各一份复印件。此外还须提供一份邀请函（无格式要求）。

如有其他问题，请通过填写联络表格咨询主管的签证处。

团组签证申请程序

递交团组申根签证不能在德国驻华使领馆各签证处预约。签证处只能预约个人面签时间，且每个申请人都必须预约自己单独的面签时间。不允许通过预约一个面签时间递交多个申请。

中智签证公司提供团组签证预约服务。团组签证申请也可以通过一位全权代表或邮寄方式递签。

ADS签证

ADS签证（旅游目的地国家签证），旅行团组只能通过具有资质的旅行社向中智签证公司的签证申请受理中心递交签证申请。如旅行社的签证专办员已拥有某一申根国家的"白卡"，那么也可以直接向德国驻华使领馆递签。详细的签证申请程序可参看中智签证公司的网页：

北京：https://cn.tlscontact.com/cnBJS2de/page.php?pid=procedure

沈阳：https://cn.tlscontact.com/cnSHE2de/page.php?pid=procedure

上海：https://cn.tlscontact.com/cnSHA2de/page.php?pid=procedure

广州：https://cn.tlscontact.com/cnCAN2de/page.php?pid=procedure

成都：https://cn.tlscontact.com/cnCNG2de/page.php?pid=procedure

旅行护照

您的旅行护照必须满足如下条件：

◆ 护照的有效期原则上需超过预计从申根区出境日期3个月以上，如需多次往返，护照有效期则需超过最后一次预计从申根区出境日期3个月以上

◆ 护照上至少有两页空白签证页

◆ 递交签证申请时，距护照签发日期不超过十年

◆ 护照必须签名

◆ 护照未破损

护照照片要求

◆ 必须是近期（6个月以内）拍摄的证件照

◆ 尺寸为4.5厘米×3.5厘米

◆ 白色背景

◆ 正面免冠照，不能遮挡眼睛

◆ 如为黑白照片，照片必须有足够的对比度和亮度

◆ 如果您的护照照片明显为6个月前拍摄或出于其他原因不能使用，由于无法签发签证，您的签证申请将被退回。

旅游医疗保险

根据申根国家的法律规定，提交旅游医疗保险是签发申根签证的基本前提。申请一/多年多次往返申根签证，只需提交覆盖首次逗留行程的旅游医疗保险证明。通过在签证申请表上签字，您确认您会为今后的其他旅行购买覆盖完整行程的旅行医疗保险。

旅游医疗保险必须满足以下条件：

1.旅游医疗保险须在所有申根国家有效。

2.旅游医疗保险必须覆盖整个逗留期。

3.请注意：鉴于中德两国之间有时差（3月31日至10月27日夏令时期间为6个小时，10月28日至次年3月30日冬令时期间为7个小时），旅游医疗保险的截止日期应严格比对从申根区离境的日期。中国保单的有效期通常根据中国时区（北京时间）出具。这种情况下，建议购买医疗保险的截止日期超出您预计离开申根区的日期一天。

4.如在购买保险时尚不确定旅行日期或旅行日期可能临时改变，也可购买一定时间段内有效的一定天数的医疗保险（如在2014年1月1日至2014年6月30日期间入境后30天有效的医疗保险）。一些保险公司提供这种灵活的保险服务。签证处建议您购买这种灵活的保险，因为如果灵活的旅行医疗保险覆盖全部逗留时间，那么可以提交针对这段逗留时间的申根签证申请。

5.旅游医疗保险的保险金额不得低于3万欧元。

6.旅游医疗保险必须包括由于生病可能送返回国的费用及急救和紧急住院费用。

7.旅游医疗保险（个人或团体保险）可由签证申请人在其居住国办理或由邀请人在旅游目的国办理。

8.若保险公司的总部不在申根区，那么该保险公司必须在申根区内有联络处且能够受理索赔申请。

9.对明显容易生病、有明显病史或者已怀孕的申请人，须对投保的数额提出更高的理赔要求或额外购买相应的保险理赔项目。

10.如果旅行以就医为目的，除提交旅行医疗保险外，还必须另行提交就医治疗费用的承担证明。

经济担保函

只有签证申请人证明其有经济能力支付旅行及逗留期间的费用，才能向其签发签证。费用的承担情况可通过提交经济担保函证明。

◆ 邀请人必须前往其居住地主管部门办理经济担保函。在德国，主管部门通常为外国人管理局或市政厅。如德国邀请人的居住地在中国，主管部门为德国驻华使领馆。办理经济担保函的费用为25欧元。

◆ 出具经济担保函前，德国主管部门审核邀请人的经济状况能否提供担保。请您与相关部门联系，以获悉需要向其提交哪些材料。通常情况下，需要提交一份关于经济实力的证明材料（如工资单、退休金证明、存款证明、私营业者可提交纳税证明）。德国相关机构将在经济担保函背面标注邀请人的资信是否可信或能否得到证明。如果邀请函上注明信誉为"未证明"或"不可信"，则该经济担保函不能用于申请签证。

◆ 如果邀请人由于经济状况不允许等原因不能提供担保，也可以由其他人（如邀请人的朋友、亲属或熟人）为旅行者出具经济担保函！

◆ 申请签证时，必须递交经济担保函原件。该原件将与旅行护照一起退还申请人，并应在入境时携带。

我的邀请人不能担保我的旅行费用，怎么办？

如果您计划赴德旅行并自己承担费用，您也可以不提交经济担保函，而提交个人经济状况证明。
这一证明可以是如下材料：
● 银行账户过去6个月的对账单
● 储蓄账户定期存款证明，但不接受近6个月内新开的存款冻结证明。如提交存款冻结证明，签证处将要求补充提交存款来源证明
● 退休账户证明
● 其他财产证明

中国证明文书的认证

德国驻华使领馆在签证申请须知中列出需要提交亲属关系证明公证书（中文和德文/英文译文）的特定情况。

申请人可凭借这些文件证明
- ◆ 申请人与在德国生活的家人的亲属关系
- ◆ 申请人与其经济上依赖的家庭成员的亲属关系
- ◆ 孩子与父母间的亲属关系

办理这些文件分为两个步骤：

1. 持中国证明文书原件到能够出具在国外使用公证书的主管公证处办理公证。一般根据证明文书所有人的户口所在地或当前居住地确定主管公证处。如无法提交证明文书原件，请联系公证处咨询公证亲属关系证明需要提交哪些替代材料。公证处根据证明文书原件出具公证书，还可附上德文或英文译文，或请指定的翻译公司翻译。公证人通常也会公证译文的正确性。将公证过的证明文书递交至负责审核并据此予以认证的中国外交部或相应的省市外办。

2. 公证书随后必须经过公证处所在地区对外事务主管部门的认证。如在北京，由中国外交部认证处办理，如在其他省市，则通过省市的外办认证。您可以登录如下列出的中国外交部的网站查询相关外事部门的电话：http://cs.mfa.gov.cn。各种中介也向其顾客提供办理上述手续的服务（办理公证书并通过外办认证），但顾客需为此支付服务费。

一年或多年多次往返申根签证

您此前曾去过申根国家并预计将多次前往申根国家进行商务访问或因私探访，那么您可以申请一/多年有效、可多次往返的申根签证。您需在签证申请表中有所注明：您填入的出境日期距填入的离境日期应有一年的时间跨度，计划停留时间一栏填写90天，入境次数选择多次入境。来自德国的邀请函中应写明您在未来的一年中多次入境的必要性。申请签证

时，您只需提交覆盖首次行程的旅行医疗保险！

请注意，持一/多年多次往返的申根签证在申根国家最长逗留期为每半年90天。

签证签发条件

每个签证签发前，德国驻华使领馆均依据《签证法》审核签证申请是否符合如下要求：
- ◆ 旅行目的
- ◆ 旅行费用的承担情况
- ◆ 回国意愿
- ◆ 其他情况（外国人登记中心和申根信息系统）
- ◆ 对过去获得的签证的使用状况
- ◆ 旅行医疗保险证明

旅行目的

根据《签证法》第21条第3b款的规定，德国驻华使领馆审核签证申请人旅行目的的可信性。使馆的各签证申请须知及中智签证公司的网页列出了可用来证明您的旅行目的的材料。

根据不同的旅行目的，需审核如下项目：

一、商务访问：
- ◆ 商务邀请函的真实性
- ◆ 申请的签证有效期与邀请函中注明的时间是否相符

二、探亲访友：
- ◆ 是否存在亲属或朋友关系
- ◆ 申请的签证有效期是否与休假要求相符

三、旅游：
- ◆ 是否预订了酒店和机票
- ◆ 申请的签证有效期是否与休假要求相符
- ◆ 旅行行程的真实性

提示：不排除审核未列举出的其他项目的可能性。

旅行费用的承担情况

根据《签证法》第21条第3b款，只有签证申请人有经济能力支付其在申根区逗留及从申根区出境的费用，才能向其签发签证。

旅行费用的承担情况原则上有如下三种可能：
- ◆ 旅行者的工作单位承担费用
- ◆ 邀请人或第三方承担费用
- ◆ 申请人自己承担费用

商务旅行：计划商务旅行的签证申请人须通过工作单位介绍信或邀请函证明其旅行费用的承担情况。

探亲访友：如果邀请人承担探访费用，那么邀请人可通过出具一份经济担保函予以证明。应尽可能担保全部逗留时间。

如果您计划探亲访友，并自己承担旅行费用，那么您也可以不提交经济担保函，而提交个人经济状况证明。

这一证明可以是如下材料：
- ◆ 银行账户过去3个月的对账单
- ◆ 储蓄账户定期存款证明，但不接受近6个月内新开的存款冻结证明。如提交存款冻结证明，签证处可能会要求补充提交存款来源证明
- ◆ 退休账户证明
- ◆ 其他财产证明

提示：不排除审核未列举出的其他项目的可能性。

旅游：如果您计划赴德旅游，并自己承担旅行费用，您必须证明您拥有足够的经济实力。

如下材料可作为证明提交：
- ◆ 银行账户过去3个月的对账单
- ◆ 储蓄账户定期存款证明，但不接受近6个月内新开的存款冻结证明。如提交存款冻结证明，签证处可能会要求补充提交存款来源证明
- ◆ 退休账户证明
- ◆ 其他财产证明

如果您不是在职人员（大学生、中小学生），则必须证明您与资助您旅游者的亲属关系，并提交上述提及的该亲属的相关经济实力证明。

提示：不排除审核未列举出的其他项目的可能性。

回国意愿

根据《签证法》第21条第1款，只有使馆认为签证申请人在签证到期前会及时从申根区出境，才能向其签发签证。

使馆参考如下因素对申请人的回国意愿做出评估：
- ◆ 在中国的家庭成员状况（如配偶、未成年子女、监护人等）
- ◆ 职业状况（是否有固定工作关系）
- ◆ 经济状况（是否因收取租金或拥有房产定期获得其他收入）
- ◆ 是否合乎规定地使用过去获得的申根签证
- ◆ 自上一申根签证签发后申请人个人生活状况的变化

提示：不排除审核未列举出的其他项目的可能性。

其他情况（外国人登记中心和申根信息系统）

根据《签证法》第21条第3c款及第3d款，签发签证前必须查询外国人登记中心（AZR）的数据库和申根信息系统（SIS）。

这两个数据库记录外国人在德国或申根区逗留期间的刑事犯罪纪录。如果外国人登记中心的数据库或申根信息系统显示对申请人的入境存有疑虑，通常就不可能为其签发签证。

对过去获得的签证的使用状况

根据《签证法》第21条第4款，使馆审核签证申请人是否合乎规定地使用过去获得的申根签证。

◆是否在签证到期前及时从申根区出境
◆是否主要在签证签发国逗留
◆是否合乎规定地使用过去获得的一/多年多次往返申根签证（在申根区每180天逗留的时间不超过90天）

旅行医疗保险证明

根据《签证法》第21条第3e款，只有签证申请人拥有有效的旅行医疗保险，才能向其签发签证。

拒签通知说明

使馆签证处会就您收到拒签通知做出说明，以便于您更好地了解拒签原因。希望您在浏览过这些说明后能够理解使馆的拒签决定。您可以随时递交材料完整、可靠、经得起审核的新签证申请。请注意，下面只列出了拒签的常见原因。如您不想递交新的签证申请，您也可以对申请遭拒签提出申诉。

1. 递交了一个错误的、伪造的或经篡改的旅行护照

    增加或取出护照内页亦被视为伪造护照。

2. 未证明计划停留的目的和条件

    ◆您可能未完整提交必需的材料。您的签证申请如因材料不全被拒绝，使馆建议您递交新的完整的签证申请
    ◆您已提交酒店或机票预订单，但随后取消了酒店或机票预订
    ◆邀请公司未确认您所提交的邀请函
    ◆审核旅行目的时发现您并非按照所申请的旅行目的出行，而另有其他目的
    ◆您想参观展会，但却申请了旅游签证
    ◆在签证审核过程中，您未能就旅行目的给出详细充分的说明（如您计划赴德旅游却不了解旅游的行程）
    ◆所申请的签证有效期与其他材料（酒店或机票预订单、来自德国的邀请函、医疗保险）上的日期不符
    ◆申请探亲访友签证，但不能充分证明申请人与被探访者间的亲属或朋友关系
    ◆申请旅游签证，所申请的签证有效期与休假要求不符

    提示：不排除因上述列举外的其他原因导致拒签。

3. 您未提交旅行费用承担状况证明

    您未提供证明表明您有足够的资金用以支付计划停留期间内的生活费用、返回原籍国或居住国，或转往允许您入境的第三国的开支，或者您不能合法地获得该资金。

    商务旅行：
    ◆您的工作单位没有提供单位账户明细
    ◆您的工作单位账户明细上未显示有足够的资金
    ◆工作单位介绍信及来自德国的邀请函未包含表明承担旅行费用的内容。您提交的材料也不能证明您本人拥有支付旅行费用的资金
    ◆不确定谁来承担旅行费用
    ◆第三方公司承担费用，但该公司未就费用承担情况出具确认函

    探亲访友：
    ◆您没有经济担保函，也没有证明您本人有足够的资金
    ◆经济担保函中注明邀请人的资金不能承担您的旅行费用（经济担保函中标注"未证明"或"不可信"）。您也未证明您本人有足够的资金

    旅游：
    ◆您不能证明您本人有足够的经济实力支付旅行费用

◆您不是在职人员（家庭主妇/夫、失业者、大学生、中小学生），没有独立的收入。您未证明您与担负您生活费用者之间的亲属关系，或未能充分证明该亲属有足够的经济实力

提示：不排除因上述列举外的其他原因导致拒签。

4. 停留超三个月

过去6个月中，您已持一个统一的签证或一个有区域限制的签证在成员国地区停留了三个月。原则上，持申根签证每180天只能在申根区逗留90天。因此签发的新的签证有效期最早只能在这180天到期后开始。某些情况下，持申根签证只能每年（而非每半年）在申根区逗留90天。您在德国逗留的时间已经超过所允许的90天。

这些情况包括：
◆搭建和拆除展台或机械设备
◆企业内部的职业培训
◆为在德国的工作单位从事商务活动
◆代表在国外的工作单位参加会议/谈判、制定合同要约、签署合同或监督合同的执行情况
◆从事记者类相关工作
◆参加杂技表演（杂技演员）
◆访问学者

提示：不排除因上述列举外的其他原因导致拒签。

5. SIS发布拒绝您入境的通告

申根信息系统（SIS）发布了拒绝您入境的通告。只要申根信息系统还保存这一通告，通常就不可能为您签发签证。您应向登记这一通告的申根国家询问通告的内容及您可采取哪些法律措施。

申根信息系统（SIS）中发布了拒绝您入境的通告，或者其他证据表明您被认为构成下述危险：一个或多个成员国认为，您对公共秩序、国内安全、欧共体条例第562/2006号（申根边境法）第2条第19款所定义的公共卫生或一个或多个成员国的国际关系构成危险。

6. 未提供有效的旅行医疗保险

未提供证明表明您有一份合适且有效的旅行医疗保险。实情请参看对旅行医疗保险的要求。

7. 递交的计划逗留目的信息不可信

您可能未完整提交必需的材料。您的签证申请如因材料不全被拒绝，使馆建议您递交新的完整的签证申请。

◆您已提交酒店或机票预订单，但随后取消了酒店或机票预订
◆您提交的商务邀请函未由邀请公司确认或不能核实
◆您就逗留目的给出了自相矛盾的信息
◆您未能在审核签证申请时就旅行目的给出详细充分的说明
◆所申请的签证有效期与其他材料（酒店或机票预订单、来自德国的邀请函、医疗保险）上的日期不符
◆申请探亲访友签证，但不能充分证明申请人与被探访者间的亲属或朋友关系
◆申请旅游签证，所申请的签证有效期与假期申请的情况不符

提示：不排除因上述列举外的其他原因导致拒签。

8. 未能确定申请人的回国意愿

本馆对申请人的回国意愿做出评估。您提供的材料或其他信息不能充分证明您的回国意愿。这方面，德国驻华使领馆参考如下因素：

◆在中国的家庭成员状况（如配偶、未成年子女、有护理需要的家庭成员、监护人等）
◆职业状况（是否有固定工作关系或在读大学）
◆经济状况（是否因收取租金或拥有房产定期获得其他收入）
◆是否合乎规定地使用过去获得的申根签证
◆自上一申根签证签发后申请人个人生活状况的变化

提示：不排除因上述列举外的其他原因导致拒签。

备注：

德国签证处有理由怀疑您所提交材料或其内容的真实性。根据签证法第32条第1b款，您的申请将被拒绝。签证处审核了您提交的材料，并发现至少如下一份您提交的材料系虚假材料或内容不实，如：

◆ 酒店或机票预订证明（伪造或主动取消）
◆ 工作单位介绍信（完全造假；通过关系开具的内容虚假的工作证明，但劳动关系实际不存在）
◆ 账户对账单
◆ 来自德国的邀请函

提示：不排除因上述列举外的其他原因导致拒签。

签证申诉程序

您的签证申请被拒绝，您可以口头申诉或书面申诉。

口头申诉（异议）

如您就您签证申请遭拒签的原因有疑问，或者您希望通过补交材料和另做说明来澄清拒签原因，在签证处接待申诉时间内，我们为每一位申请人提供亲自前往签证处要求说明拒签原因的机会，以便在有需要的情况下决定申请人接下来可采取哪些步骤（申辩、递交新的申请或上诉）。如您在签证处接待申诉时间内前来，请务必携带您的拒签通知及旅行护照。

请您注意如下提示：

1. 申根签证申诉的有效期为收到拒签通知后的一个月。
2. 申诉程序通常需要4周或更长时间。
3. 请您在申诉信中注明签证申请的受理编号（即拒签通知中给出的文档号的最后7位）和您的护照号。
4. 请您列出所有能够联络到您的联系方式以方便我们向您询问情况，包括座机号码（含区号）/手机号码、电子邮件地址以及完整的通信地址。
5. 您可以在申诉信中（再次）陈述您申请签证的目的。请您提出您不认可拒签理由的原因。此外，您还可以补交签证申请时未提交的其他材料。如果您的签证申请材料不完整或者您取消了酒店预订，通过提出申诉的方式补交缺少的材料并非最佳选择，递交新的签证申请反而能更快得到签证。
6. 请只通过一种寄送方式向签证处递送材料，这样能帮助我们缩短处理申诉的时间，并避免不必要的工作重复。如果您以传真形式寄送申诉信，那么请您不要使用邮寄或电子邮件的方式重复寄送。
7. 复核结束后，如果可以发放签证，我们将与您联系约定签证的发放时间。如您的签证申请再次被使馆拒绝，我们将在申诉答复信中用德语详细注明拒签原因。如您对申诉答复有异议，您可以向柏林行政法院提起诉讼。
8. 您应向拒绝您签证申请的签证处提出申诉。

德国驻华使领馆各签证处接待申诉的固定时间：

北京	每周一下午（14时至16时）
上海	每周一上午（9时至11时）
广州	周一至周四（9时至10时）
成都	每周一上午（9时至11时）

书面申诉（异议）

如您不想亲自前来签证处申诉，您本人或您的一位全权代表也可就您被拒签一事进行书面申诉，并据此请求复核您的申请。

在使领馆的书面申述

北京

如您提出申诉，则必须向使馆签证处寄送本人亲笔签名的申诉信。申诉信可作为电子邮件的附件发送至 remo@peki.diplo.de，也可通过邮寄或传真的方式寄送。申诉信无论如何必须由您本人亲笔签名！如要通过他人替您提出申诉，您必须向其出具委托书。您的申诉信收悉三个工作日内，您将收到一封确认收到信函的电子邮件。

上海

如您提出申诉，则必须向使馆签证处提交本人亲笔签名的申诉信。申诉信可作为电子邮件的附件发送至 visa-information@shan.diplo.de，也可通过邮寄方式或您亲自前往签证处（接待时间为每个工作日的8:30至11:30）递交。申诉信无论如何必须由您本人亲笔签名！如要通过他人替您提出申诉，您必须向其出具委托书。

广州

如您提出申诉，则必须向使馆签证处寄送本人亲笔签名的申诉信。申诉信可作为电子邮件的附件发送至 remo@kant.diplo.de，也可通过邮寄或传真的方式寄送。申诉信无论如何必须由您本人亲笔签名！如要通过他人替您提出申诉，您必须向其出具委托书。您的申诉信收悉三个工作日内，您将收到一封确认收到信函的电子邮件。

成都

如您提出申诉，则必须向使馆签证处寄送本人亲笔签名的申诉信。申诉信可作为电子邮件的附件发送至 visa@cheng.diplo.de，也可通过邮寄或传真的方式寄送。申诉信无论如何必须由您本人亲笔签名！如要通过他人替您提出申诉，您必须向其出具委托书。您的申诉信收悉三个工作日内，您将收到一封确认收到信函的电子邮件。

❺ 德国驻中国使领馆

德国驻华大使馆（北京）	地址：北京市朝阳区三里屯西五街/新东路路口（签证处） 邮编：100600 电话：010-85329000，只于每周二和每周四15:00—16:00 传真：010-85329280 辖区范围：北京、天津、河北、河南、湖北、青海、甘肃、新疆、西藏、内蒙古、宁夏、陕西、山西、湖南、江西、山东、吉林、辽宁及黑龙江。
德国驻成都总领事馆	地址：成都市人民南路4段19号威斯顿联邦大厦25层 邮编：610041 电话：(0086-28) 8528 0800 传真：(0086-28) 8528 0865 对外办公时间：周一至周五上午9:00—12:00 辖区范围：四川、贵州、云南和重庆市
德国驻广州总领事馆	地址：广州市天河区天河路208号粤海天河城大厦14楼 邮编：510620 电话总机：020-8313 0000 传真：020-8516 8133，020-8516 8459（签证处） 对外办公时间：周一至周五8:30—11:30 辖区范围：广东、福建、海南、广西
德国驻上海总领事馆	地址：上海市铜仁路299号SOHO东海广场8楼 邮编：200040 对外办公时间：只能通过TLS contact公司（申根签证）或者总领事馆（长期签证）网上预约系统预约签证。 辖区范围：安徽、江苏、浙江和上海。
德国驻沈阳总领事馆	该总领事馆目前还在建设中，暂时不能正式开始处理领事馆相关事务。 电话：024-22913301

❻ 中国驻德国使领馆

中国驻德国大使馆	地址：Märkisches Ufer 54, 10179 Berlin 电机：030-275880 传真：030-27588221 办公时间：星期一至星期五 8:30—12:30，13:30—17:00 领事部地址：Brückenstraße 10, 10179 Berlin 电话：030-27588529 传真：030-27588520 办公时间：星期一至星期五9:00—12:00，下午仅接待预约客人 网址：http://www.china-botschaft.de

德国推荐

中国驻汉堡总领事馆	地址：Elbchaussee 268, 22605 Hamburg 赴华签证咨询：040-323106000（周一至周五9:00—15:00，节假日除外） 领事业务咨询：040-82276018（周二、四15:00—17:00，节假日除外） 领事保护电话：017-52460080，016-08942607 传真：040-82276022 电子邮件：chinaconsul_ham_de@mfa.gov.cn 网址：http://hamburg.china-consulate.org/chn/ 办公时间：周一至周五上午9:00—12:00 交通：乘城铁S1线路至Othmarschen站，换286路公交车至Parkstraβe站下车。或乘其他车辆至Teufelsbrück站，换36路公交车至Parkstraβe站下车。
中国驻法兰克福总领事馆	地址：Stresemannallee 19-23, 60596 Frankfurt am Main 领事保护电话：069-75085545（非签证等领事业务咨询电话） 应急手机：0049-(0)15117129745（只限紧急情况拨打） 传真：069-75085510 领事部普通签证咨询电话：请拨打法兰克福中国签证申请服务中心服务电话069-26919130，每周一至周五9:00—16:00，签证咨询邮箱：frankfurtcenter@visaforchina.org 领事部特殊签证咨询电话：069-75085534（每周二、四15:00—16:00） 领事部护照咨询电话：069-75085548（每周二、四15:00—17:00） 领事部公证认证咨询电话：069-75085549（每周二、四15:00—17:00） 传真：069-75085540 电子邮件：frankfurt_konsular@mfa.gov.cn 网址：http://frankfurt.china-consulate.org/chn/ 温馨提示：如您未能在上述时间打通领事部咨询电话，请您以电子邮件或传真方式提出您的问题（电邮地址和传真号如上），领事部会及时给予回复。 交通：从法兰克福火车站正门沿Am Hauptbahnhof/B44东南方向，经Baseler Straβe及Stresemannallee，步行约15分钟即达。或乘S3线轨道交通至Frankfurt (Main) Stresemannallee站，沿Stresemannallee向北步行450米即达。提示：谨提醒此领事馆附近停车不方便，建议先在附近把车停好，再走过来。
中国驻慕尼黑总领事馆	地址：Romanstraβe 107, 80639 München 领事部电话：089-17301618（每周一、三15:00—17:00） 传真：089-17301619 领事保护紧急求助电话：017-55452913 办公时间：周一至周五9:00—12:00（中德节假日除外，请关注放假通知） 网址：http://munich.china-consulate.org 交通：从慕尼黑火车总站乘16路或17路有轨电车（Tram）至罗曼广场（Romanplatz），下车后可沿Romanstraβe或Gaβner Straβe步行约500米至领事馆。

7 德国印象

时差

按照国际标准时区划分,德国处在东一区,中国在东八区,德国时间比北京时间慢7个小时。如:中国北京时间为早上9点,德国柏林时间为凌晨2点。夏令时每年3月31日至10月27日,德国与中国的时差为6个小时,冬令时每年10月28日至第二年3月30日,德国与中国的时差为7个小时。

语言

主要语言为德语。德国有多种方言和白话,可以据此判断说话者来自哪个地区。 标准德语在德国境内通用。此外,德国的大部分居民都会讲英语,因此外国游客不存在语言障碍问题。

关税

对于从欧盟国家带入德国的物品,只要是随身携带且为个人使用品,则实行免税政策。对于从非欧盟国家带入德国的物品,只要价值不超过175欧元,则免关税。但烟草、酒精和香水等特定物品受限。

宗教信仰

德国约三分之二人口信仰基督教。其中,新教徒和天主教徒人数相当,德国北部多为新教徒,而天主教徒主要分布在南方。除此之外,德国还居住着约400万穆斯林和约10万名犹太教徒。

接种疫苗

未规定进入德国境内必须接种疫苗。但春夏秋三季是莱姆病和FSME的多发季节,患病概率较高。这两种疾病都是通过蜱虫叮咬传播感染的。蜱虫主要生活在地表植被中。最佳防护措施是穿戴尽可能多遮盖肌肤的衣物。如果不慎被蜱虫叮咬,应向医生求助。

风险较高的地区主要分布在巴登-符腾堡州和巴伐利亚州以及黑森州、莱茵兰-普法尔茨和图林根的某些地区。如需在大自然中作长期停留,建议您接种FSME疫苗。

交通

德国的基础交通设施是欧洲最好的。这不仅体现在长度上,也体现在他们会将不同的交通方式联网,确保您在全国都可以快速、简便地从一个地方去到另一个地方。

12700公里的高速公路贯穿全国,将近35000公里的铁路网将旅客源源不断地送往5400个火车站。乘坐飞机的旅客有40多个机场可供选择。如果您喜欢随意走走,那么您既可以沿着150多条主题路线,在小路上发现德国之美,也可以乘坐区域火车观看全国各地的风景。

无论您是要快速赶往会议现场,还是想自己慢慢地了解德国,您都可以在此找到合适的交通方式。

住宿

德国的酒店和住宿业在欧洲居领先地位。从接近自然的露营地到豪华奢侈的星级酒店,提供的选择多种多样。特殊旅客的无障碍旅行等需求也能很好地得到满足。

德国的住宿以热情好客、传统又现代,而且性价比极佳著称。无论您是选择露营地、度假村、游船、康复医院,还是选择各星级宾馆,您始终是服务的焦点。您可以直接预订宾馆,也可以通过您信任的旅行社或国内外的旅游公司预订。

无障碍旅行

无论您是因为工作还是私人原因前往,德国都为残障或行动不便的游客提供了大量的旅游机会,确保您可以放松地度假或成功地完成工作。

不仅是身患残疾的游客,其他所有行动不便的度假者,如老人、带婴儿车和小孩的家庭、因运动受伤的人等都可以从中受益。这甚至在旅行之前就已经开始:德国汉莎航空(Lufthansa)会在机场和目的地为行动不便的旅客提供服务。早在起飞之前汉莎航空就已经为旅客提供了药物和健康等信息。汉莎航空为行动不便的旅行常客提供飞行常客医疗卡(FREMEC),确保他们的飞行更加舒适。 在柏林航空(Air Berlin),行动不便的旅客也会受到很好的照顾。机场有专门受过培训的人员,为他们提供建议和帮助。

德意志联邦铁路公司（Deutsche Bahn）也为行动不便的旅客提供重要信息和提示，并提供电话报时服务。此外，许多城市的公共短途交通（Öffentliche Nahverkehr）都提供汽车和火车上车辅助措施。若预先登记，他们还提供陪同服务。如果选择汽车出行，他们会为带有残疾旅客的司机或残障司机提供停车许可等服务。这样您可以快速到达宾馆、风景名胜或会议中心。

德国酒店业协会（DEHOGA）和德国酒店联盟的目录上提供了大量无障碍酒店，行动不便的人们只要去过一次，必然会感到非常满意。

家庭度假

德国为一家人共同度假提供了最佳条件。游乐园、骑士城堡、博物馆和温泉浴场等迷人的郊游地，自然公园等纯自然旅游景点，单车、游泳或漫游等体育活动让大小游客们都各得其所。

让不同年龄的人都获得最佳体验，这是德国家庭度假天堂的魅力所在。全家大小都会特别喜欢的是游乐园和冒险乐园，如拥有惊险刺激的云霄飞车和童话般主题世界的欧洲公园（Europa-Park）或梦幻乐园（Phantasialand）。如果您热爱游戏，那么您决不能错过摩比乐园（Playmobil-FunPark）、Legoland或拉文斯堡游乐园（Ravensburger Spielland）等超大型游戏世界。要想进行迷人的时光之旅，可以参观骑士古堡和童话宫殿，从著名的新天鹅堡（Schloss Neuschwanstein）到欧洲最古老的布格豪森（Burghausen）古堡。众多博物馆也能带您回顾五光十色的历史。在一起动手博物馆（Mitmach-Museen）中，您还可以在娱乐中学到大量科技或艺术知识，有许多专门针对儿童和青少年的内容。

800多家动物园和野生动物园中生活着许多来自世界各地的动物。莱比锡（Leipzig）有最大的猩猩屋，柏林动物园（Berliner Zoo）则是全球动物种类最多的动物园。在自然公园及国家公园中更加接近大自然。徒步漫游、单车游和水上运动是家庭度假的热门项目。许多标有路牌的（远程）自行车道也非常适合跟孩子一起进行单车旅行。平缓的斜坡、灵活的骑行长度和诱人的风景名胜使鲁尔河谷自行车路线（Ruhrtal Radweg）或梅克伦堡沿海自行车路线（Mecklenburgischen Seen-Radweg）非常受欢迎。也可以前往海滨：北海和波罗的海区域以及德国各处的海滨是孩子们最心爱的乐园，这里也有大量的休闲活动。如果不是可以进行户外活动的好天气，还有众多的温泉浴场供您选择。

自行车

骑单车既健康又环保，并且很容易获得快乐。德国有200条长途自行车道穿越不同地区，因此您将有多种选择：喜欢高强度的单车旅行者可以骑自行车攀登阿尔卑斯山，而喜欢轻松游的单车旅行者则可以选择山坡葡萄园。如果是家庭度假，那么蜿蜒曲折、沿着河流的道路可能是您最理想的选择。在7万多公里的自行车道上探索德国城市和地区。

徒步

德国的自然景区风光各异，无论是健走运动、雪地漫步，还是单纯的散步，都能在这里找到自己的乐园，徒步漫游路线数不胜数。德国有大约2万公里标识清晰的道路网，即使没有GPS设备，您也一样能找到方向。横穿国家公园的旅行绝对是一次特殊的自然体验。但即使在德国的城市内部和周边，您也能找到大面积的绿地。

德国购物

在德国购物，价廉物美与高级定制并存，复古怀旧与摩登前卫共舞，国际潮流与德式经典相互交融。Düsseldorf（杜塞尔多夫）的高端购物街如Königsallee（国王大道）、慕尼黑的Kaufinger Straβe（考芬格大街）上林立着典雅时尚的奥特莱斯以及设计独特的购物中心。珍宝美物，俯拾即是。在许多城市，老城也是购物之旅中不可或缺的一站。传统集市上展示着各种地方特产，定会让您目不暇接、流连忘返。如果您时间充裕，还可在其中慢慢淘宝。街边独具一格又充满趣味的小店鳞次栉比，等待您进去一探究竟。淘完小店再回到主游览路线上来也不会花费您太多时间。无论特色商品或国际流行时装便宜与否，在德国购物，满足您各种各样的愿望才是头等大事。

德国大部分商店的营业时间为周一至周六10:00—20:00。小商店和时装店往往下午6:30便歇业了。周日和节假日基本上所有商店都不再营业。但一些特殊的"血拼星期天"例外。

LGBT

德国关于同性恋的法律在欧洲属于最进步的法律之一：在这里同性恋人可以共同生活，享有领养权，并且法律禁止歧视男女同性恋。其结果就是德国出现了公开和活跃的同性恋景象，并且对于文化生活的影响越来越大。几乎每个大城市都会大肆庆祝克里斯托夫大街游行日（Christopher Street Day），影迷们在慕尼黑、法兰克福、柏林和科隆为同性恋电影周末迷醉，并向普通民众

德国推荐

宣传同性恋电影。但这还远远不是桃色日历上唯一的亮点。

仅柏林就居住着大约 30万名同性恋。这使得德国首都成为了欧洲三大同性恋大都市之一。这些场面也就相应变得非常活跃：150家同性恋酒吧、同性舞蹈班和健身俱乐部、专业模特，甚至由多名同性恋人提供的膳食服务。

据调查显示，在科隆有10%的居民（抽查）被同性吸引。在街上亲吻的男同性恋和携手同行的女同性恋已经成为了科隆大教堂 (Kölner Dom) 前的城市风景。除了克里斯托夫大街游行日 (Christopher Street Day)，日历上的另一个亮点是女同性恋节日 (Festival Women Pride)。这两场活动是科隆全年节庆的组成部分。

在金融城市法兰克福，男女同性恋比例相对较小，但更加多元化。大多数"桃色"酒吧位于百慕大三角区 (Bermuda Dreieck)、康斯塔普勒瓦赫 (Konstablerwache) 北部。如您感兴趣，可以登录法兰克福同性恋网 (Frankfurt Gay Web) 查询最新活动和节目地点。

"活着，也要让别人活着"是有着"世界大门"之称的港口城市汉堡的原则。在圣乔治长年将此地作为犯罪地点，继而声名狼藉之后，同性恋们进行了迁移。从20世纪90年代起，这一社区的小咖啡店和酒吧越来越多。

同性恋现象在慕尼黑非常活跃。这里的节庆日历包括欧伯安格剧场 (Oberanger theater) 的男同性恋玫瑰舞会 (Rosenmontagsball) 和啤酒节上的同性恋周日 (Gay Sunday)。圣诞节的时候，所有人齐聚一堂，男女同性恋、变性人、单身、夫妻以及家庭都聚集在格洛肯巴赫区 (Glockenbachviertel) 欢度粉红圣诞。

❽ 在德国需要注意的旅行生活常识

在德国入境时，游客需要手持护照依次办理各种相关手续，检疫手续和入境手续是必须办理的，另外还必须出示相关的证件和证明。德国酒店不提供免费的牙刷、牙膏、拖鞋等随身用品，部分酒店会提供沐浴液、护发素和护肤液等洗浴用品，需要向酒店前台事先询问。在德国的大城市旅游，游客需要看好自己的财物，德国很多观光景点都会有一些针对亚洲游客的小偷，注意不要将自己的财物暴露在大庭广众之下，夜晚出行要结伴而行，以免发生意外。

德国通行的货币是欧元，人民币在德国不属于流通货币，游客可在机场、火车站和银行兑换欧元。在一些大商场和免税店可以方便地使用银联卡。在德国消费需要给小费，机场、酒店的行李搬运需给行李搬运员付小费，行李搬运员的小费只需要1欧元，导游和司机的小费在4欧元左右。在德国购物时商品售价已包括了15%的增值税，非欧盟国家的游客在购买之后3个月内携带离境时可享受退税优惠，在有"欧洲免税购物"标志的商店购物时可得到"免税购物支票"，在机场出关后可到海关退税处申请退税。

❾ 常用电话

报警电话：110

火警电话：112

急救中心：112

红十字会：0049-30-850055

查询德国境内电话：11834

德国 ADAC 汽车俱乐部救援电话：0180-22222222

德国火车查询服务：0800-1507090

中国驻德国大使馆：0049-30-27588555

速度行德国！
GERMANY HOW

1 飞机

柏林目前有两个机场，公共交通设施与机场紧密相连，交通十分便利。位于柏林东南部的舍讷费尔德机场(SXF)距柏林市中心约18公里。乘区域火车22分钟即可到达市中心的亚历山大广场。在航站楼和火车站之间有免费班车。171路公共汽车可送您到达地铁7号线的终点站Rudow。SXF1号巴士快车每天从早晨5点到晚上11点，每20分钟发一趟车，往返于舍讷费尔德机场与南交叉口(Südkreuz)之间，行车时间仅20分钟。亚历山大广场和南交叉口都是柏林地铁和轻轨等快轨交通的枢纽站，从这些地方您可以换乘其他公共交通工具到达柏林各地。

位于柏林西北部的泰格尔机场(TXL)距市中心仅8公里，与高速公路相连。公共汽车有109路、X9路至交通枢纽动物园站(Zoologische Garten)，128路至地铁奥斯罗大街站(U Osloer Straβe)和TXL线到亚历山大广场站。更多信息请看柏林机场网页：www.berlin-airport.de。

2 火车

柏林火车站有通往欧洲各地和柏林各处的各式快轨列车，如：通往德国各地的高速城市列车ICE和普通列车Intercity、通往欧洲其他国家的列车Eurocity、通往柏林周边地区的区域火车Regional Express，以及通往柏林市区各处的轻轨列车。火车站分上下五层，地上最顶层(三层)为东西向火车和轻轨的站台，地下最底层(地下二层)为南北向火车的站台。在一层的入口大厅的两侧有信息台可以查询信息。

列车类型

德国铁路拥有多种列车类型，为旅客提供多样化的

出行选择。

1. 城际特快 ICE

城际特快ICE类似中国的高铁。ICE为Intercity-Express的缩写，是德国铁路行驶速度最快也是较为舒适的车型。它将德国的各大城市和德国与4个邻国（瑞士、奥地利、荷兰和比利时）的主要城市连接并入一个完整的高速铁路网络。速度快而且只停靠大站。一般行驶速度为300 km/h。从法兰克福主火车站出发，可以3个半小时左右到达柏林。

城际特快上有餐车，而且大多有无线网络服务。行驶平稳安静，座位舒适宽敞。每个座位都在旁边配有插座以及集成音频连接，可以收听三个频道的节目；在座位上方还有阅读灯。保证最快捷舒适的出行。一等车厢更加宽敞舒适。乘客既可在安静的环境中集中注意力专心工作，也可伸展双腿、放松身心。

2. 城际夜车 City Night Line

乘坐城际夜车，在前往柏林的时候享受舒适的夜间火车之旅。夜晚登车，次日早上抵达目的地。它有三种不同的车厢可供选择：座式车厢、普通卧铺、软卧包厢。城际夜车为强制订位，以保证每位客人都有自己的固定位置。

3. 区域列车 Regional- und Nahverkehrszüge

根据停靠站点和速度的不同，德铁的区域列分为以下几种：区域火车（包括RE、RB、IRE）以及城市快速列车S-Bahn。它们行驶于德国的大小城镇，或者城市与郊区之间。停靠站点较多。车上座位舒适，车厢空间宽大，让乘客带着舒适愉悦的心情在前往柏林的时候以及在柏林旅游的时候欣赏沿途美景。

列车车票

根据不同的出行时间、速度以及距离，德国铁路提供多种多样的优惠折扣。

1. 普通客票 Normal preis

不限车次，不限时间搭乘德铁火车前往柏林。单程票最高价格为：139欧（二等）/225欧（一等）。15岁以下儿童在家人陪同下可免费出行，单独出行享半价优惠。

2. 特惠车票 Sparpreis

德国境内特惠单程票。从德国任意一个城市出发前往柏林，在250公里以内，二等座票价为19欧或者25欧。超过250公里，二等座票价从29欧到109欧不等，一等座票价从49欧到169欧不等（请注意，人工售票可能产生一定的手续费）。提前预订的客人将得到最优惠的票价。15岁以下儿童在家人陪同下可免费出行，单独出行享半价优惠。售票期为出发前92天至出发前3天为止。

3. 德国铁路通票 German Rail Pass

德国铁路通票是专门针对非欧洲常住居民的旅游通票，适用于德铁网络内的所有德铁列车车型。在一个月内任意选择3到10天。在预定的天数内，随意出行不受限制。随时登车，随意下车（除城际夜车及更高级别高速列车ICE-Sprinter之外需强制订位，所以需要提前预订座位）。持有者可以畅游柏林以及德国其他城市。

德国铁路通票价格实惠。成人二等座三天通票只需188欧；一等座三天通票只需247欧。除此之外，两人出行可以选择德国铁路通票双人票。6至11岁的儿童半价；12至25周岁的少年和青年则可选择德国铁路青年通票。

中国顾客如何购买德铁车票

顾客可以通过以下方式在中国轻松购买德铁车票：1）通过德铁针对国际市场的官方网站 www.bahn.com/international 购买（英语或者其他语种）；2）经由德铁在中国的代理购买。

1. Bahn.com

德国铁路的官方网站 www.bahn.com/international 为15个不同国家的顾客提供10种语言的售票查询等多种服务（暂不提供中文页面）。德铁官网功能强大，可提供点对点、门对门的线路查询。查询简单快捷，内容及时详尽，购票轻松方便。建议懂得外文的顾客使用www.bahn.com/international 进行购票查询。

2. 德铁代理

如果需要中文服务或者希望咨询更多关于德铁的信息，请联系德国铁路在北京的代理。具体联系方式请见：www.bahn.com/agencies

③ 汽车

如果您要自驾进入柏林,请注意小汽车进入柏林市中心区时,汽车车窗上需贴有绿色环保标志。您可以在以下网站www.car-germany.eu或www.umwelt-plakette.de网上预订这一标志,或在以下机构办理：TÜV Süd、TÜV Nord、TÜV Rheinland、DEKRA、Kfz-Gewerbe。您还可以在柏林旅游局的德文或英文网站上预订租车。请注意,如果您只持有中国驾照,请一定在国内做好英文或德文的公证。

④ 出租车

柏林当然也有出租车供您选用。但同在中国的大部分城市不同,柏林的出租车一般都不会在路上空跑,所以您要到一些地铁或轻轨车站等交通枢纽或大一点的景点处的出租站点打车,或电话叫车。柏林的出租司机对各个地方都很熟悉,您只要给出街道名称和门牌号,他就会以最佳路线送您到达目的地。如果您对司机的服务满意,按照当地的习惯可以在车费之上加约10%的小费。

⑤ 地铁

柏林的公共交通十分方便,几乎所有景点都可以乘坐公共交通到达。上地铁或城铁都没有检票程序,乘车人要自觉购票乘车。当然,车上有时会有便衣查票。柏林的地铁线路快速高效,每天运营时间从4:00到24:00,周末除U1、U4和U12三条线路外,其余线路都会24小时运营,非常方便。柏林的城铁运营时间与地铁一样,每到周末都会全线通宵运营。柏林的轨道交通单程票票价为2.6欧元,有效时间是自打卡时刻算起两个小时。您可以每到一站都下车,出站好好转转,然后再上车继续前行。如果买了日票（柏林市区AB区）6.7欧元,ABC区（包括波茨坦）7.2欧元。如果用柏林欢迎卡更加方便,打一次卡就再不用操心车票的事,而可以尽情地乘坐各种公交工具周游了。

⑥ 公共汽车

柏林市内的公共汽车站都有一个很大的"H"标志,非常容易辨认,在柏林乘坐公共汽车时驾驶员会售票并找零,车厢内有扬声器和显示器提示乘客下一站的站名,如果需下车只要按下扶手上的按钮即可。

柏林旅游局为来柏林的游客提供有"柏林欢迎卡",您可以根据您在柏林逗留时间的长短选择购买48小时、72小时或5天票。有了"柏林欢迎卡",您可以在柏林的很多景点或博物馆享受到25%到50%的优惠,还可以免除一路购票和刷票的麻烦。

柏林欢迎卡

柏林拥有十分完善的交通网,公共交通方便快捷。到柏林来旅游,使用柏林欢迎卡必是您的最佳选择。有了它,您不用再为买票发愁,不管是有轨电车还是公共汽车、地铁、轻轨,甚至区域火车,您都可以用。柏林欢迎卡也不仅仅是一张车票,使用欢迎卡附带的优惠券,您还会在150多项旅游或文化活动中获得从25%到50%不等的优惠。这些活动包括:城市观光游、参观博物馆、观看话剧演出、餐馆进餐、健身及优惠购物等。欢迎卡的小册子中还有诸多的小贴士和行家建议、柏林和波茨坦的地图、地铁和轻轨的轨道交通图。每个月还会有一家合作伙伴提供特别优惠。

柏林是一座富有活力和不断创新的城市。这里不仅拥有现代化的基础设施,丰富多彩且激动人心的各种大型活动终年不断,引人入胜的景点和博物馆更是举不胜举。有了柏林欢迎卡,您就可以随心所欲地安排自己的行程了。

柏林欢迎卡按照客户的不同需求分为八种,它们分别是:

48小时AB区卡	18.5欧元
48小时ABC区卡	20.5欧元
72小时AB区卡	25.5欧元
72小时ABC区卡	27.5欧元
5天AB区卡	32.5欧元
5天ABC区卡	37.5欧元
72小时AB区柏林欢迎卡与博物馆岛联卡	38.5欧元
72小时ABC区柏林欢迎卡与博物馆岛联卡	40.5欧元

所谓AB区是指柏林市区,而ABC区则将紧邻柏林的波茨坦也纳入其中。柏林的泰格尔机场位于AB区内,舍讷费尔德国际机场则属于ABC区的范畴。如果您买了ABC区的卡,还可以免费再带上3个15岁以下的儿童与您同行。

您买了柏林欢迎卡后,在第一次乘车时要先打一次卡,48小时或72小时就是您第一次打卡乘车后的有效时间。5天卡则是从第一天打卡算起之后连续的5天内有效。如果您买了第7种与博物馆岛的联卡,就可以在这三天内随意去参观位于柏林市中心区博物馆岛上的五个博物馆了。购票时请注意一下各博物馆的闭馆时间。请访问(http://www.smb.museum/museen-und-einrichtungen.html?p=2&objID=27&n=15)柏林博物馆岛及其他柏林国家博物馆的官方网站查看具体信息。

柏林欢迎卡在柏林旅游会议局的信息服务中心、柏林公交公司(BVG)、轻轨和区域火车等的售票处以及柏林的许多酒店均可购得。网上订购地址:https://shop.visitberlin.de/

⑦ 自行车

可以想象吗，当生活在中国大城市的人们越来越多地放弃自行车，开上汽车的时候，越来越多的柏林人开始选择骑车出行。在柏林，骑自行车不仅是一种时尚、一项体育运动，它也是汽车和公共交通工具的真正替代品。柏林自行车交通的比例在过去几年不断提高，现在已达到15%——每天都有约50万人骑着自行车穿梭于柏林。而柏林良好的自行车道路网则使自行车出行的吸引力日益增强。如果您到柏林来旅游，不妨租上一辆自行车，做一番别人不可复制的体验。

租自行车

在柏林市区分布着许多自行车出租站为车友们服务，大多数都位于中区（例如弗里德里希街火车站）、克罗伊茨贝格区（Kreuzberg）、弗里德里希斯海因区（Friedrichshain）内或动物园火车站附近。租金为每天10欧元左右，价格差异取决于自行车的类型。

德国铁路自2002年以来，通过其自行车租赁服务"Call-a-Bike"极为成功地为自行车爱好者们提供了一项特别服务：遍布整个城市，德国铁路在主要路口、长途火车站和城际铁路车站等处放置了超过1650辆银红色的旅行自行车，以每分钟8欧分的价格出租。使用"Call-a-Bike"一整天的费用则是9欧元。自行车可以在城市的任何一处交还。

如果不喜欢自己骑车还可以打个三轮出租车（Velotaxi）：健壮的车夫们会将三轮人力自行车连同乘客们一起安全地送到目的地。柏林市运营的40辆三轮出租车在三月至十月间每天行进在不同的路线上。同其他出租车一样，坐Velotaxi也可以选择自定路程。

自行车旅馆

许多柏林旅馆都特别为骑车的客人们做好了准备，提供安全存放自行车的地方、晾干衣服和装备的房间、简单修理和保养自行车的工具，还为没有自带自行车的客人提供自行车租赁服务。旅馆工作人员很乐意提供关于骑车游的私人建议，帮助客人探索柏林城区和周边。柏林的自行车旅馆相关信息和订房请看柏林旅游会议局的官方德文和英文网站：http://www.laibolin.com/

自行车故障服务

车胎破了和其他自行车故障令人不快，不过只需要一点指导就可以解决。ADFC定期在其办事处提供维修课程。对于要在柏林停留较长时间的来访者而言，一项有趣的服务是可以花一点钱购买一辆二手"铁驴"。然后当不再需要而且车辆状态尚佳时，可以重新将这辆自行车出售给二手自行车商。但有一种特殊品是无法在自行车经销商处买到的，只有在"自行车站"提供："会议自行车"——Conferencebike。橘红色的巨型自行车上可容七位成年人同时乘坐，鞍座就像围绕着一张会议桌那样分布，一名车手坐在中间，掌握车把。在"自行车站"的主页fahrradstation.de上可以预先欣赏一下这种超级自行车。如果只需要双人自行车，那么克罗伊茨贝格区奥拉宁街20号的"中央自行车"（Zentralrad）便可满足。如果更喜欢小而精的自行车，也许会钟爱折叠自行车，而柏林夏洛滕堡区歌德街79号的Christoph Beck就有折叠自行车。两家企业提供现场维修服务。他们将市区进行了划分，"疯狂踏车"（Verrücktritt-Cycles）负责以前的东柏林地区以及克罗伊茨贝格区和新克尔恩区，而"单车门诊"（Rad Ambulanz）则为柏林西部服务。

骑车线路

BBB自行车路线搜索引擎www.bbbike.de/cgi-bin/bbbike.cgi可以查出柏林和波茨坦特定起点和终点之间的自行车路线。搜索引擎中囊括了柏林10000条街道中的约9000条以及波茨坦的400条街道。通过输入搜索条件，如喜欢的速度、道路类型或者避开红绿灯等，可以为每一位骑车人都找出最佳路线组合。英文版可以帮助国际游客搜寻路线。

D 速度玩德国！
GERMANY HOW

10大人气好玩旅游热地

① 夏洛滕堡宫

建于1695年的夏洛滕堡宫是普鲁士国王腓特烈一世为妻子索菲·夏洛特修建的一座避暑行宫，现今夏洛滕堡宫作为博物馆，展出大量普鲁士王国的珍贵艺术品。

② 博物馆岛

博物馆岛是柏林市内博物馆的荟萃之地，岛上的建筑群是一组独特的文化遗产，在这里的五座博物馆形态各异，分别是老博物馆、新博物馆、老国家画廊、佩加蒙博物馆和博德博物馆。

③ 无忧宫

无忧宫是普鲁士国王腓特烈二世在18世纪时仿照法国的凡尔赛宫所建，面对宫殿正门是一座大喷泉，宫殿内华丽的首相厅令人叹为观止，宫殿东侧还有珍藏百余幅名画的画廊，装潢之豪华令人瞠目。

④ 柏林墙遗址

柏林在1961年被分割成东西两部分，一道高高的柏林墙将这座城市的人们隔离开，直到1989年冷战结束才拆掉的柏林墙现今还留有几处遗址。现今在长达1316米的柏林墙遗址上画有不同主题的绘画，被誉为全世界最大的露天画廊。

⑤ 慕尼黑啤酒节

慕尼黑啤酒节又名十月节，是慕尼黑最著名的传统节日。每年9月底节日开始，现场会提供一种只有在这个时期才能喝到的啤酒。上酒的杯子也和平时用的不同，是一个1升装的大杯。每到这时，慕尼黑全城的人都会到这里来开怀畅饮，是当地人一年之中最疯狂的日子。

德国推荐

⑥ 王宫博物馆

王宫博物馆曾经是历代巴伐利亚国王的王宫，后来被开辟成为一座室内装饰博物馆。这里的建筑囊括了文艺复兴、巴洛克、洛可可和古典主义等多种建筑风格，展示了奢华的装饰、高档的家具和珍贵的绘画，是慕尼黑众多博物馆中最具代表性的一座。

⑦ 宁芬堡宫

宁芬堡宫是一座结合了宫室和绿地的美丽建筑，宫殿前是一大片绿色的草地，人工河掩映在绿荫之中，宫殿里有一座中国阁，里面收藏了很多来自中国的艺术品，连装饰和陈设都是中国风格。

⑧ 茨温格尔宫

历史悠久的茨温格尔宫是德国著名的宫殿式建筑，这座豪华的宫殿是巴洛克式建筑的代表作，雍容华贵的皇冠门则是最引人注目的地方，而一尊尊精美的雕像是极具观赏价值的艺术精品。

⑨ 科隆旧城区

科隆旧城区的建筑古朴美丽，靠近莱茵河畔的建筑更是多姿多彩，令来自世界各地的游客不禁惊叹德国人自古就存在的城市美学。在科隆旧城区除了古色古香的古老建筑外，还有繁华的购物街和科隆最为闻名的小酒馆。

⑩ 新天鹅城堡

新天鹅城堡是巴伐利亚国王路德维希二世的行宫之一，这座城堡的造型十分精美，通体白色的城堡掩映在苍翠的青山之中，是中世纪城堡经典中的经典，甚至迪斯尼城堡也是仿照它的外形而建的。

速度买德国！

GERMANY HOW

特色伴手好礼带回家

德国推荐

① 选帝侯大街

选帝侯大街是柏林最主要的购物大街之一，沿街建有大量餐厅、咖啡馆、剧院、电影院、百货商场、精品店和豪华饭店，大街起点所在的欧洲中心购物广场更是冷战时期西柏林的繁华标志之一。

② 慕尼黑谷物市场

慕尼黑谷物市场是一处占地2万多平方米的美食集市，在这里共有超过140个店铺，分别销售鲜花、蔬菜、水果、野味、家禽、调味品、奶酪、鱼、果汁等。同时这里的装饰都保持了100多年前的样子，走在其中让人有一种穿越时空回到了维多利亚时代的感觉。

③ Mauer Park跳蚤市场

在柏林Mitte区与Prenzlauer Berg区交界处的Mauer Park跳蚤市场毗邻柏林墙遗址，是一处规模庞大的周日跳蚤市场，除了各种旧货商贩外，也有大量批发商人和年轻的艺术工作者在这里摆摊，是逛街淘宝的一个好去处。

④ 采尔大街

被誉为"步行者天堂"的采尔大街是法兰克福最著名的购物步行街，这里云集了来自世界各地的知名品牌商店，大型购物中心林立，人们能在这里找到自己所需的所有商品。

⑤ 歌德大街

400米长的歌德大街是法兰克福历史很悠久的一条购物街，这里汇集了全球数十家著名的奢侈品牌。每到周末，这里还会有特设的周末市场，出售各种物美价廉的货品。

⑥ 明克贝尔格街

明克贝尔格街是汉堡最为热闹的街区之一，沿街林立的店铺经营各种时尚服饰和休闲家居用品，是假日休闲逛街的好去处。

⑦ 马德勒走廊

马德勒走廊自16世纪建成以来一直就是莱比锡最为繁华的商业街，这里的店铺众多，既有出售当地的手工艺品和土特产的商店，也有供人休闲的咖啡馆和酒店。

⑧ 艺术工匠廊街

德累斯顿新城区中央大道旁的拱门里是一处鳞次栉比地排列着一家家别具特色商铺的艺术工匠廊街，在这里可以买到各种彩绘玻璃、金属饰品、高级瓷器和二手古董等手工艺品，颇受游客喜爱。

⑨ 杜塞尔多夫国王大道

杜塞尔多夫国王大道两侧林立商铺和古老典雅的建筑，在这些世界知名品牌的专卖店内可以寻觅到当季最火的设计名品，堪称流行时尚的魅力窗口。

⑩ 斯图加特国王大道

斯图加特国王大道是德国最长的步行街，沿街汇集了斯图加特最多的旅游景点和购物商店，此外还有不少大型百货商店和世界知名品牌的专卖店，这里还经常会举行一些打折促销活动。

速度买德国！
GERMANY HOW
德国推荐
特色伴手好礼带回家

① 照相机

德国照相机行业起步很早，早在19世纪就已经生产出了全金属外壳的相机。而且德国相机素以磨制精良的镜头和经久耐用的机械性能而闻名世界。徕卡、蔡司等品牌更是每一个发烧友熟知的，这也使得德国一直雄居世界照相机王国的前列。如今的德国相机在保持了以前耐用的特色之外，还开始注重外观的时尚化，再不是以前那种拘谨古板的风格，这也吸引了不少当下的年轻人。

② 钟表

德国工业的先进完全可以在钟表工业中体现出来，走时精准，坚固耐用，深受各个行业的人欢迎。在德国的特色钟表中还有一种咕咕钟，这种座钟外观是黑森林地区传统的小屋样式，每到整点时候，会有一只布谷鸟从小屋中探出头来咕咕地叫，非常有意思。有的钟里还有小人可以活动，完全将德国人细致的精工技术展现了出来，是作为礼物馈赠亲友的最佳选择。

③ 啤酒

德国啤酒毫无疑问是世界第一，几乎占据了德国人生活的每一个角落。早在500多年前，巴伐利亚大公就颁布了《纯啤酒令》，规定了酿造啤酒所能使用的原料，因此德国啤酒也成了醇正啤酒的代名词。德国啤酒可以分为白啤酒、清啤酒、黑啤酒、科什啤酒、出口啤酒和无酒精啤酒等六大类，这些啤酒酿造手法不同，味道也有天壤之别，尤其是无酒精啤酒里不含酒精，很适合需要开车的人。

045

4 手工艺品

德国人心灵手巧，擅长制作各种传统的手工艺品，在各个著名的旅游城市随处都能见到传统的德国手工艺品。这些工艺品的原材料十分广泛，从竹木、陶瓷、金属到现代的塑料等无所不包，同时按照制作地的文化不同，除了有当地知名景点的微缩版外，还着重反映了当地的传统文化和普通人的生活，可以说每一件手工艺品都是当地文化的最好代表。

5 皮具

德国人的严谨持重不光体现在汽车和啤酒上，那一只只经久耐用、做工精良的皮箱也将德国人细致周到的性格体现得淋漓尽致。在德国皮具行业中Aigner、MCM及Bree等都是闻名全球的皮具品牌，各种皮箱、皮包、皮夹、皮袋等都是各方游客优先选购的物品。相信在漫漫旅途中，有这样一只造型时尚而且耐用的皮具陪伴，会让人更加安心吧。

6 陶瓷器

18世纪时，欧洲的传教士费尽心机地从中国人这里得到了烧制上好的陶瓷器的秘密，从此德国就成了欧洲陶瓷器的中心。尤其是小城达森、迈森等地，这里烧造的陶瓷器皿专供欧洲各国王室使用。德国陶瓷器自成一派，有独特的烧造方法和图案，在慕尼黑、柏林等大城市都可以买到精美的德国名品陶瓷器，无论是自己用还是作为馈赠礼物都非常合适。

⑦ 香水

提到香水，人们一般都会联想到法国等地，殊不知在德国也有相当出色的香水工业。德国香水配方独特，香味持久，尤其是HUGO BOSS、贝纳通等知名香水品牌更是享誉世界，无论是男用的还是女用的香水都很受欢迎。尤其是德国人还时常会做一些复古的香水，让人们体验一下中世纪时期的经典香味，这在欧洲各个国家中是独一无二的。

⑨ 望远镜

德国的光学工业起源自"二战"时期的军工企业，在世界上有口皆碑，著名的卡尔·蔡司公司生产的镜片就是其中的佼佼者。而应运而生的德国望远镜也是世界上名列前茅的。德国品牌的望远镜是高端望远镜中的精品，视得乐望远镜、宜视宝放大镜等牌子誉满全球，使用这些望远镜就好像给自己的眼睛装上了一双翅膀一般，再远的距离都能如在眼前。在看体育比赛、演艺晚会的时候尤其适用。

德国推荐

⑧ 不锈钢刀

德国重工业发达众所周知，在这样的工业体系下出产的不锈钢刀也是世界一流。锋利、好用、方便，这是一般人对德国不锈钢刀的一致评价。无论是厨房用的菜刀还是平时用的剪刀、小刀，或是野外生活用的多功能军刀，德国的刀都是最受人们欢迎的，可以说是居家、旅行的必备佳品，而且在各大城市都有专卖店，很方便就可以买到。

⑩ HUGO BOSS为主的时装

如今的德国人再也不是人们传统印象中不苟言笑、行为古板、衣着土气的形象，也开始追求新潮和流行。因此在德国也应运而生了不少知名的流行时装品牌。HUGO BOSS就是其中的佼佼者，这个品牌创立自斯图加特以南的麦琴根小镇，从一家小服装厂发展成今天的世界知名品牌。HUGO BOSS的时装以优雅的气质为主，而且更新速度极快，紧跟世界潮流，深受潮男潮女们的喜爱。

速度吃德国！
GERMANY HOW
10大人气魅力平民餐馆

① Mutter Hoppe

在柏林品尝地道水煮猪脚的最佳选择就是Mutter Hoppe，这间餐厅内部装饰充满复古情调，水煮猪脚肉质鲜嫩，味美价廉，加之充满20世纪柏林家居风格的用餐环境，颇受游客欢迎。

② 慕尼黑皇家啤酒屋

建于1589年的皇家啤酒屋是德国最大的啤酒屋之一，其前身是皇家啤酒厂，数百年来一直都是各路历史名人的聚会地点，歌德、列宁、茜茜公主等都在这里留下过身影。

③ 最后的审判酒吧

创立于1621年的最后的审判酒吧是柏林历史最悠久的一家餐厅，酒吧至今依旧保持着创办时的菜肴味道，洋溢着浓郁的怀旧氛围，最受食客欢迎的招牌菜德式水煮猪脚更是令每一个慕名而来的游人感到满意。

④ Alois Dallmayr美食馆

Alois Dallmayr美食馆提供咖啡、红茶、雪茄、火腿、巧克力、啤酒等，是慕尼黑市内最具代表性的美食馆，其饮料和熟食可以满足众多挑剔的食客。

⑤ Bayerischer Donisl

慕尼黑的Bayerischer Donisl餐厅以制作味道最正宗的巴伐利亚风味菜肴而闻名，这里的就餐环境很具德国老风情，木质的墙面和水磨石的地板颇具情调。招牌菜当属白香肠和巴伐利亚烤猪肘，作为配菜的土豆泥球口感糯糯的，也非常好吃。

⑥ 脚镣塔餐厅

斯图加特市的脚镣塔餐厅前身是一座16世纪的酒窖，这里的食物之美味在当地十分知名，游人在观光之余不妨来这里品尝巴登-符腾堡州当地盛产的美味葡萄酒和特色菜肴。

⑦ Apfelweinwirtschaft Adolf Wagner

Apfelweinwirtschaft Adolf Wagner创办于1931年，以出售法兰克福的特产苹果酒而闻名，每晚这座小酒馆里都能看到无数的人在聚餐狂欢，桌上摆着很多泛着金色光泽的苹果酒。

⑧ Café Hauptwache

Café Hauptwache的前身是建于1730年的法兰克福军营，直到1904年才变成一间咖啡馆。Café Hauptwache内部装饰华丽，是游人在法兰克福逛街之余喝咖啡小憩的好去处。

⑨ 酒窖餐厅

歌德的不朽名著《浮士德》中唯一真实存在的酒窖餐厅，是莱比锡诸多餐厅中最出名的一个，由废弃酒窖所改建的酒窖餐厅拥有许多与《浮士德》有关的装饰，天花板和墙壁上刻绘着小说中的经典片段。

⑩ 天鹅餐厅

天鹅餐厅是歌德生前最喜欢光顾的一家饭店，作为魏玛最具历史意义的饭店，这里还多次接待过外国首脑，是魏玛乃至全德国最知名的餐厅之一。

速度游德国！

GERMANY HOW

德国推荐

5天4夜计划书

DAY 1

💛 **清晨** 到达德国

白天 法兰克福

法兰克福是大多数中国游客进入德国甚至欧洲的第一站，在这座高度现代化的城市中，只有罗马广场保留着中世纪的原貌。歌德故居是这位大文豪的出生地，歌德曾在此居住生活，并完成了《浮士德》及《少年维特的烦恼》等名作的初稿。此外，法兰克福作为世界上最重要的会展城市之一，每年都举办超过50场展会，其中书展、汽车展、春秋两季消费品展都是世界同类展览中最大的。

夜晚 法兰克福

法兰克福的老萨克森豪森区内有大量传统风格的老酒馆，是品尝当地特色美食如洋葱奶酪浓汤（Handkase mit Musik）和法兰克福绿色香草酱，以及含酒精的苹果酒的绝佳去处。

051

白天 科隆

科隆大教堂是世界最高的教堂之一。以宏伟壮观著称于世的科隆大教堂同时也被誉为最接近天堂的教堂。登上钟楼可以眺望科隆市貌和风光。从科隆大教堂广场乘坐观光电车可以去巧克力博物馆参观巧克力的制作过程,或是在博物馆的自助餐厅欣赏莱茵河的迷人风光。

夜晚 科隆

夜晚的科隆非常热闹,在科隆的酒吧游人可以品尝这里独有的女性啤酒——科隆啤酒。

DAY 3

白天 汉堡

汉堡是德国第二大城市,同时也是德国最重要的海港和最大的外贸中心,是仅次于法兰克福的德国第二大金融中心。巴洛克风格的汉堡市政厅和米歇尔教堂优美典雅,游人登上米歇尔教堂的钟塔还可以一览汉堡港和易北河的美丽风光。汉堡港自古就是德国著名的港口,每天都有来自世界各地的船只停泊在这里,与城市内红砖船形的智利大厦遥相呼应。此外,位于汉堡市政厅广场东侧的阿尔斯特湖是汉堡市中心的一颗明珠。可以选择乘游船游湖或游览易北河。

全称为汉堡汉萨自由市、被誉为世界著名水上城市之一的汉堡拥有各式桥梁2300余座,是欧洲拥有桥梁最多的城市,而毗邻北海的汉堡同时也是德国重要的水上枢纽,每天都有来自世界各地的远洋货轮在汉堡港停泊,因而汉堡又被称为"德国通往世界的大门"。汉堡有悠久的音乐传统,歌剧、芭蕾和交响乐团都是一流水准,音乐家门德尔松和勃拉姆斯就出生在这里。

夜晚 汉堡

汉堡的圣保利区是世界上最著名的娱乐区之一,汇集了无数的餐厅、酒吧、夜总会、赌场、电影院和博物馆,是夜幕降临后纵情欢乐、忘记一切烦恼的地方。

DAY 4

白天 柏林

从19世纪普鲁士王国开始就一直是日耳曼帝国首都的柏林，城市建筑多姿多彩，漫步街头随处可以看到历史悠久的古老教堂、各式各样的博物馆和巍然挺立的摩天大厦。高高耸立的电视塔是柏林最高的建筑，站在塔上可以鸟瞰柏林全貌。在巴黎广场一侧矗立的勃兰登堡门既是柏林城的标志，也是柏林分裂和重新统一的象征。欧洲最著名的林荫大道——菩提树下大街、巴洛克风格的弗里德里希广场、新古典主义风格的申克尔剧院、富丽堂皇的宫殿和蜚声世界的现代建筑，使每一个来到柏林的游客强烈感受到这座城市的古典与现代、浪漫与严谨的氛围。

夜晚 柏林

波茨坦广场附近环绕着数家大型百货公司，闪烁的霓虹灯下可以看到著名的新力中心和戴姆勒大楼，这是柏林市中心的一处购物天堂。

DAY 5

德国推荐

白天 慕尼黑

巴伐利亚州首府慕尼黑是德国第三大城市，同时也是欧洲最繁荣的城市之一。保留着巴伐利亚王国古朴风情的慕尼黑每年秋季都会被一年一度的慕尼黑啤酒节点燃，整座城市都沉浸在欢乐的气氛中，释放慕尼黑人无限的激情。慕尼黑的老建筑历史悠久，高雅的皇宫和哥特式风格的市政厅以及古罗马式的国王广场都充满古老的风韵，被誉为"欧洲建筑博物馆"。毗邻慕尼黑的富森因新天鹅堡而闻名，宛如童话世界一般充满梦幻色彩的新天鹅堡也是德国最热门的观光景点之一。

夜晚 起程踏上归途

德国
攻略HOW

Part.1 柏林

著名的菩提树下大街是欧洲最著名的林荫大道。巴洛克风格的弗里德里希广场、新古典主义风格的申克尔剧院、富丽堂皇的宫殿和蜚声世界的现代建筑，使每一个来到柏林的游客强烈感受到这座城市的古典与现代、浪漫与严谨的氛围。

德国攻略｜柏林

柏林 特别看点！

第1名！
勃兰登堡门！

100分！

★ 德国的象征，气势宏伟的新古典主义风格建筑！

第2名！
柏林墙遗址！

90分！

★ 柏林的标志之一，全世界最大的露天画廊！

第3名！
无忧宫！

75分！

★ 感受普鲁士王国的兴盛繁荣，金碧辉煌的豪华宫殿！

---

01 国会大厦
德意志帝国强大的象征　★★★★★ 赏

Tips

🏠 Platz der Republik 111011 Berlin (Tiergarten) ☎ 030-227-32-152 🕘 8:00—24:00 🚇 乘城铁S1、S2、S25至菩提树下大街站(Unter den Linden)下，或乘100、200、248、257、348路公交车可达

国会大厦又称帝国大厦，位于勃兰登堡门以北，它建于1894年，是新文艺复兴风格建筑物，长约137米，宽约97米，外观宏伟，呈深灰色，这座豪华的建筑曾是德意志帝国强大的象征，是一座最能体现德国历史与发展的现代化综合办公楼群。1933年成为德国国会所在，第二次世界大战中严重损毁后重新整建。新国会大厦由英国著名建筑师诺曼·福斯特设计，中心为国会议事厅，大厅四周是玻璃墙，屋顶为半球形玻璃天窗。保留了大厦19世纪的内部摆设和战争遗留的痕迹，包括大火和战争留下的烧过的痕迹以及苏联红军留下的涂鸦等。

02 大屠杀纪念馆

纪念"二战"中死去的犹太殉难者 ★★★★★

记录"二战"期间德国纳粹对犹太人实施大屠杀事件的柏林大屠杀纪念馆，位于柏林市中心靠近勃兰登堡门的地方，分地上和地下两部分。地上矗立着2751块高低不一的水泥墓碑，远远看去就像是一座灰色的大坟场，刻着遭遇70多年前那场空前绝后浩劫的600万犹太殉难者中部分人的名字。参观者可在这里了解犹太人受害者的痛苦经历。在水泥墓碑的地底下是一个名为"信息之地"的文件展览馆，通过众多历史照片和文物，讲述犹太人的苦难命运和纳粹惨无人道的行为。

Tips

🏠 Pariser Platz 11017 Berlin (Mitte) ☎ 030-263-943-36 ¥ 免费 🕘 全天 🚇 乘城铁S1、S2、S25至菩提树下大街站(Unter den Linden)下，或乘100、200、248、257、348路公交车可达

03 勃兰登堡门 (100分!)

德国的象征 ★★★★★ 赏

位于柏林市中心菩提树下大街和6月17日大街交会处的勃兰登堡门最初是柏林城墙上的一道城门，因通往勃兰登堡而得名，现在保存的勃兰登堡门是一座新古典主义风格的建筑，由普鲁士国王腓特烈·威廉二世下令于1788年至1791年间建造，以雅典卫城的门作为蓝本，由12根15米高、底部直径1.75米的多立克式立柱支撑着平顶，门顶中央最高处是一尊高约5米的胜利女神铜制雕塑。自滑铁卢战役以后，勃兰登堡门逐步成为柏林的象征，也是德国国家的标志，成为德国多项庆典活动的举办会场。

Tips

- Pariser Platz 11017 Berlin (Mitte) 全天
- 乘城铁S1、S2、S25至菩提树下大街站（Unter den Linden）下，或乘100、200、248、257、348路公交车可达

04 宪兵广场
欧洲最美的广场之一

　　J. A. Nering于1688年开始建造的宪兵广场由德国大教堂、法国大教堂和音乐厅所环绕，是欧洲最美的广场之一。宪兵广场最初名为菩提树广场，又名弗里德里希城广场或新广场，1736年至1782年间由军人使用而得名宪兵广场，也被称为御林广场，美丽和谐的氛围令来自各地的游人流连忘返。

Tips

📍 Gendarmenmarkt 10117 Berlin (Mitte)　¥ 免费　⏰ 全天　🚇 乘地铁U2、U6至Stadtmitte站或U2至Hausvogteiplatz站，U6至Französische Straße站下可达；或乘100、142、147、157、200、267、348路公交车可达

德国攻略　柏林

05 柏林墙遗址

世界最大的露天画廊

Tips

📍 Mühlenstr. 10243 Berlin 柏林东火车站至奥伯鲍姆桥之间　💰 免费　🕐 全天　🚇 乘城铁S1、S2、S25至菩提树下大街站（Unter den Linden）下，或乘100、200、248、257、348路公交车至勃兰登堡门向西步行即达

"二战"结束后东西德分裂期间，柏林被1961年修筑的柏林墙分为两部分，之后直到1989年柏林墙拆除，这是东西方冷战结束的标志性事件，同时也是两德统一进程的开始。现今只有少数几处还能看到柏林墙的残迹。1990年9月28日，来自21个国家的180位艺术家在长达1316米的柏林墙上创作了不同主题的绘画。其中最著名的作品有Dimitri Vrubel的《兄弟之吻》、Gunther Schäfer的《祖国》，Gerhard Lahr的《柏林-纽约》等，形成了今日的东边画廊，同时也是世界最大的露天画廊。

06 菩提树下大街

欧洲著名的林荫大道 ★★★★★ 赏

东起马克思—恩格斯广场，西至勃兰登堡门的菩提树下大街是柏林的著名街道，同时也是欧洲著名的林荫大道，由于街道两侧栽植着四行挺拔的菩提树，宛如翠绿长廊而得名。始建于1647年的菩提树下大街最初街道两侧种满了菩提树和核桃树，之后由于街道改建，1680年又重新栽植了法国菩提树，之后在腓特烈大帝在位时已成为柏林的交通要道。1945年，德国法西斯灭亡前的最后血战就发生在菩提树下大街附近，街道两侧遍布众多历史悠久的古老建筑，其中不乏海涅等名人的住所。

> **Tips**
> 🏠 柏林菩提树下大街　¥ 免费　⏰ 全天
> 🚇 乘城铁S3、S5、S6、S7、S9、S75至华沙大街站（Warschauer Str.）下，乘地铁U1、U12、U15至华沙大街站下可达；或乘140、142、147、340路公交车可达

德国攻略　柏林

07 军械库

柏林第一座巴洛克式大型建筑 赏

建成于1706年的军械库是柏林第一个巴洛克式大型建筑，这里曾经是收藏战利品及古代武器的博物馆，1952年至1990年柏林墙倒塌之前，这里是民主德国的历史博物馆。现在，它是统一后的德国历史博物馆。前联邦德国总理科尔曾亲自委托贝聿铭为博物馆设计一座扩建馆，贝聿铭接受了委托，在军械库北侧设计了一座三角形、带有玻璃旋转塔的新建筑，新建筑的入口大门正好面对着新岗亭。此外，内部庭院及入口大厅同样以玻璃为顶，扩建馆与军械库通过地下通道相连。

Tips
柏林菩提树下大街　￥6欧元　 10:00—18:00

08 博物馆岛

柏林博物馆的荟萃之地 ★★★★★ 赏

柏林市有许多著名的博物馆，博物馆岛就是博物馆的荟萃之地。博物馆岛位于柏林市中心施普雷河两条河道的汇合处，岛上的建筑群是一组独特的文化遗产，在这里的5座博物馆形态各异，却又和谐统一。施普雷河从两侧流过，使它们的气势更加宏伟磅礴。岛的最南端，紧邻宫殿大桥和柏林大教堂的是老博物馆，在它前面的是卢斯特花园，最北端是新博物馆和老国家艺术画廊，面向西侧的是佩加蒙博物馆，最外侧的是博德博物馆。

Tips

🏠 Unter den Linden / Am Kupfergraben 10178 Berlin (Mitte) ☎ 030-242-33-33
¥ 国立博物馆联票6欧元，三日票10欧元 ⏰ 依各景点而异 🚇 乘城铁S3、S5、S7、S9、S75至Hackescher Markt站下，或S1、S2、S3、S5、S7、S9、S25、S75至弗里德里希大街站（Friedrichstraße）下；乘地铁U6至弗里德里希大街站下可达；乘100、147、157、257、348路公交车，或乘2、3、4、5、6、15、53、58路有轨电车可达

德国攻略 柏林

09 老国家画廊
希腊神殿般的美术馆 ★★★★

Tips
- Unter den Linden / Am Kupfergraben 10178 Berlin 博物馆岛上
- ☎ 030-242-33-33
- ￥ 8欧元
- ⏰ 10:00—18:00
- 🚌 乘100路公交车至Lustgarten站下，步行约5分钟即达

外观宛如希腊神殿一般的老国家画廊建于1876年，美术馆内以御用雕刻家沙多的作品为首，还收藏了很多古典派的雕刻作品，不论是莫奈、塞尚、戈雅等18、19世纪艺术名家的画作，还是德国印象派的马克思·利伯曼，甚至柯克希卡等20世纪初艺术名家的画作都可以在这里寻觅到，是一幢连空气中都弥漫着浓郁艺术气息的美术馆。

10 贝加蒙博物馆

博物馆岛上最年轻的建筑 ★★★★ 赏

贝加蒙博物馆位于柏林著名的博物馆岛上，是岛上博物馆中最年轻的一座，建于1930年。贝加蒙是约公元前2000年小亚细亚一个王国的首都，德国考古学家从1878年起就在那里发掘，后来把一座庙宇的巨大柱廊及其带有精致浮雕的石基整个搬到柏林重建起来。

这座博物馆最精彩的是宙斯神殿的祭坛，气势磅礴，全长约120米，祭坛上雕刻了各种浮雕。另外有从美索不达米亚平原的巴比伦发掘出的装饰墙壁，它是伊休达鲁门周围墙壁装饰物的重建，砖瓦墙壁的浮雕非常精致。贝加蒙博物馆中的远东馆藏有中国古代的瓷器、绘画、丝织品、漆器和景泰蓝制品等。

Tips

Unter den Linden / Am Kupfergraben 10178 Berlin博物馆岛上　030-242-33-33　¥8欧元　10:00—18:00　乘100路公交车至Lustgarten站下，步行约5分钟即达

德国攻略　柏林

11 柏林大教堂

霍亨索伦皇族的宫廷教堂

由尤利乌斯·拉什多夫在威廉二世在位期间设计修建的柏林大教堂,曾是霍亨索伦皇族的宫廷教堂。按照当时威廉二世的喜好,教堂拥有一座装饰华丽、带有意大利文艺复兴风格的圆顶,内部装饰也是富丽豪华。霍亨索伦家族成员都埋葬在教堂的地下室中,其中包括普鲁士第一位国王腓特烈一世及王后索菲·夏洛特等人的灵柩。

> **Tips**
>
> 🏠 Am Lustgarten 10178 Berlin (Mitte) ☎ 030-20-26-90 ¥ 5欧元 🕐 周一至周六9:00—20:00,4月至9月周日12:00—20:00,3月至10月周日12:00—19:00 🚇 乘城铁S3、S5、S7、S9、S75至Hackescher Markt站下;乘2、3、4、5、6、15、53路有轨电车,或乘100、157、348路公交车可达

12 亚历山大广场

柏林的交通枢纽和商业中心

Tips
卡尔·马克思大道与卡尔·李卜克内西街交会处

位于柏林东部卡尔·马克思大道与卡尔·李卜克内西街交会处的亚历山大广场是柏林的交通枢纽和商业中心，早在17世纪就是羊毛和牲口的交易市场。后来广场被木栅栏一分为二，广场的北部继续用作交易市场，每年都在这里举行德国最大的羊毛交易会，而南部则作为阅兵场使用。1805年，俄国沙皇亚历山大一世造访柏林，当时的普鲁士国王弗里德里希-威廉三世为此特别将该广场命名为亚历山大广场。现今，亚历山大广场最引人注目的是高368米的电视塔，游人可登上这座柏林最高的建筑一览全城的风景。

德国攻略 柏林

13 蒂尔加藤公园

欧洲最大的都市公园

蒂尔加藤这一地名的由来，要归功于17世纪在柏林城门外为选帝侯打猎所设的野生动物畜养苑。这里是天然树林的遗留部分。随着时间的推移，迅速发展的城市占用了蒂尔加藤公园的大部分地区。公园内设有许多国会和政府机构，其中有设在国会大厦内的德国联邦议院和新建的总理府。德国总统的官邸美景宫和钟楼也位于蒂尔加藤公园。公园内还有一些著名的雕塑，例如凯旋柱、俾斯麦和一些普鲁士将军的雕像，过去全都位于面临国会大厦的典礼园内，后来被纳粹迁移到今天的位置。

Tips

🏠 柏林市中心蒂尔加藤区 🚇 乘S1、S2至Unter den Linden站下，步行5分钟即达

14 柏林故事馆

探索柏林的悠久历史

柏林故事馆共有23个不同展厅，从柏林在1237年成为贸易都市开始，直到1990年柏林墙轰然倒塌，700余年的历史在柏林故事馆内通过各种照片、模型和巧妙布置的场景以及多媒体影像资料还原在游人面前。游人踏入柏林故事馆的大门，就宛如走入一条时光隧道，繁华和衰败的柏林交替出现在游人面前。此外，在柏林故事馆的地下，还有建于1974年冷战时期的一座地下掩体，可容纳超过3600名市民在里面避难，防空洞中还有床位、厕所、厨房、医疗室和娱乐间，宛如电影中的场景。

Tips

🏠 Kurfürstendamm 2007-208, 10719 Berlin ☎ 030-887-201-00 ¥ 21欧元
🕙 10:00—20:00 🚇 乘U1至Uhlandstr.站下，沿Kurfürstendamm向西步行即达

15 胜利女神纪念柱

柏林为人所熟知的地标之一

与勃兰登堡门遥遥相对的胜利女神纪念柱位于六月十七日大道上,是蒂尔加藤公园内林荫大道的中心点。建筑的柱顶上有一个为了纪念1864年至1871年普法战争时,普鲁士军队击败法军而建立的镀金自由女神像。纪念柱本身是一个展望台,登上展望台可以将柏林市区全景尽收眼底。两次世界大战期间,胜利女神纪念碑并未受到太大的伤害。胜利女神纪念碑圆环的外围有三座雕像,分别是德意志第一帝国的三位开国元勋:首相俾斯麦、参谋长毛奇和陆军大臣隆恩。

> **Tips**
> Siegessaule ¥1欧元 9:30—18:30 乘100路公交车至Großer Stern站下车即达

德国攻略 柏林

16 文化广场

●●● 柏林的文化中心

★★★★ 赏

Tips
🏠 柏林市蒂尔加藤区

毗邻波茨坦广场的文化广场位于柏林市中心的蒂尔加藤区,是在柏林影响最大、最具争议性的项目之一,是"二战"后由建筑师汉斯·夏隆负责柏林城的重建规划而修建的。文化广场上的柏林爱乐大厅是"二战"后夏隆对德国现代建筑的一大贡献,是他倡导的有机建筑的代表作,也是他在柏林市中心实现的第一栋建筑。1968年在文化广场南侧建成的由密斯设计的柏林国立美术馆,也是20世纪最有影响的建筑之一。此外,在文化广场上还有古特布鲁德设计的工艺美术博物馆、斯特林的科学中心等。

17 柏林爱乐大厅

●●● 柏林的文化中心

★★★★ 赏

Tips
🏠 柏林市蒂尔加藤区

由汉斯·夏隆建于20世纪60年代的柏林爱乐大厅是柏林爱乐乐团的大本营,也是全世界乐迷心中的"圣地"。音乐厅的外形由内部的空间形状决定。周围墙体曲折多变,屋顶的形状由内部天幕似的天花板确定,前厅的空间高矮不一,其中还布置着许多柱子、阶梯和进口,因而音乐厅前厅的空间形状极其复杂。整个建筑物的内外形状都极不规整,难以形容,充满后现代美感。

18 威廉皇帝纪念馆

柏林仅存的"二战"遗迹之一 ★★★★ 赏

地处柏林市繁华地段布赖特沙伊德广场的威廉皇帝纪念馆建于1891年到1895年，是威廉二世为纪念他去世的祖父——德意志帝国首位皇帝威廉一世而下令建造的，建筑风格属于新罗马教堂式，柏林人称它为"命运之门"。"二战"中，盟军轰炸机向柏林投下无数炸弹，威廉皇帝纪念馆被撒下的炸弹击中，被炸掉了屋顶，教堂外的时钟至今还停留在被炸的时刻。在旁边的新建筑是1961年建的新教堂，强烈的现代风格和废墟的残破对比，时刻提醒着人们不要忘记战争的残酷。

> **Tips**
> 🏛 Breitscheid platz ☎ 030-218-5023 ¥ 免费 🕘 9:00—19:00 🚇 乘城铁S5、S7、S9或地铁U2、U9至Zoologischer Garten站，下车即达

19 达勒姆区

柏林的繁华商业区 ★★★★★ 赏

旧时曾是贵族领地的达勒姆区如今已经成为绿树掩映的繁华商业区。达勒姆区随处可以看到绿树之间的旧式村舍式别墅，林荫大道两旁则林立着众多商店。此外，达勒姆还是柏林的文化中心之一，拥有民族学博物馆、印度艺术博物馆、远东艺术博物馆和欧洲文化博物馆等，由此组成了达勒姆文化艺术博物馆群。

> **Tips**
> 🏛 Lansstraβe 🚇 乘地铁U1至Dahlem-Dorf村站下即达

20 民族学博物馆

欧洲最大的民族学博物馆 ★★★★ 赏

Tips
- Lansstraβe 8
- 030-242-33-33
- 国立博物馆联票6欧元，三日票10欧元
- 10:00—18:00
- 乘地铁U1至Dahlem-Dorf村站下即达

柏林民族学博物馆是欧洲最大的民族学博物馆，转完这个博物馆，一周的时间也算不上太充足，由此可知这个博物馆的规模之大以及藏品的丰富。博物馆内收藏着来自美洲、亚洲、非洲和大洋洲的独一无二的藏品，房间里布置巧妙的灯光照明，使每一件物品的价值都显露出来。此外，这座博物馆还拥有欧洲最丰富的哥伦布大航海之前的藏品。

21 库达姆街

一条举世闻名的购物街 ★★★★★ 赏

Tips
- Kurfurstendamm Berlin

库达姆街曾是连接王城宫邸和古纳森林狩猎宫的一条骑马沙路，俾斯麦曾亲自推动这条街的开拓扩建工程，使它成为通向城西别墅区的市区林荫大街，直达瀚蓝斯湖。早在19世纪末，库达姆街就拥有大量富丽堂皇的住宅和艺术咖啡屋、剧场、戏院、电影院等，第二次世界大战后继续作为商业区见证了德国战后经济发展的奇迹。两德统一后，东西商业区中心之间的竞争更高程度上促进了库弗斯坦达姆地区的进步，使其再次成为高级时装和时尚商店汇集的首要地区。

22 夏洛滕堡宫

柏林保存最好的普鲁士宫殿建筑 ★★★★★ 赏

Tips
- Spandauer Damm 10-22, 14059 Berlin
- 030-320-911　¥ 旧宫10欧元、新宫6欧元
- 10月至次年3月周一至周五9:00—16:00，周末10:00—16:00，4月至9月周一至周五9:00—18:00，周末10:00—16:00　乘S41、S42、S46至Westend站下车，沿Spandauer Damm向东步行即达；或乘U2至Sophie-Charlotte-Platz站下，向北步行可达

夏洛滕堡宫位于柏林露丝广场，是一座巴洛克式宫殿，是柏林地区保存得最好、最重要的普鲁士国王宫殿建筑物。最初这个宫殿是腓特烈一世请建筑师约翰·阿诺德·奈林为他的妻子索菲·夏洛特在柏林与波茨坦之间修建的一座朴素的避暑寓所。1705年，腓特烈一世为纪念同年故世的爱妻，将宫殿改名为夏洛滕堡宫。之后几位国王又不断修建加盖。如今，原先的施洛斯剧院成了史前史和古代史博物馆，城堡西侧是一大片柑橘园，用于展览。

23 埃及博物馆

精美绝伦的古埃及艺术珍品 ★★★★ 赏

Tips
- Schloßstraße 70, 14059 Berlin　030-34357311　¥ 6欧元　10:00—18:00

埃及博物馆位于夏洛滕堡宫的对面，以众多珍稀的藏品享誉世界，收藏了古埃及自史前时期至被古罗马帝国征服期间的上千件各式文物。进入馆里，每一件古埃及人的精致作品都令游人为之侧目。柏林埃及博物馆的镇馆之宝是纳芙蒂蒂王妃的头像，这个头像优雅精致的面庞号称完全符合黄金比例，难怪它的原型被视为古埃及历史上与艳后克娄巴特拉齐名的女子。这件已有3000余年历史的雕塑可以说是古埃及艺术的杰作。

24 东亚艺术博物馆

德意志帝国时期建立的第二座非欧洲文化博物馆 ★★★★ 赏

Tips
📍 Takustraße 40, 14195 Berlin ☎ 030-8301-361 ¥ 3欧元 🕐 10:00—18:00

柏林东亚艺术博物馆创建于1906年，位于柏林自由大学校园内，是一座巨大的白色建筑，四四方方的，外表没有一点装饰。东亚艺术博物馆是德意志帝国时期建立的第二座非欧洲文化博物馆，其前身是柏林皇家博物馆。博物馆大门口竖立着一块匾额，上面是启功先生的题字"东方艺术博物馆"，旁边是一块高2米的太湖石，下面配白色大理石须弥座。馆内现藏品主要来自中国、日本和韩国，其中中国文物有2000多件，基本涵盖中华文化的各个时期。该馆现在是德国17个国立博物馆之一，在世界上享有一定的声誉。

25 贝加伦博物馆

收藏毕加索作品的私人美术馆 ★★★★ 赏

贝加伦博物馆的创立者是德国著名的画商兼收藏家海因茨·贝加伦，由于他曾经作为毕加索的长期合作伙伴，在这座海因茨·贝加伦私人博物馆内收藏了大量毕加索的作品。在贝加伦博物馆内，除了毕加索的作品外，还有克里、马蒂斯和贾科梅蒂等当代一流大师的作品。

Tips
📍 Schloß Str.1,14059 Berlin ☎ 030-326-9580 ¥ 8欧元 🕐 10:00—18:00 🚌 乘S41、S42、S46至Westend站下，沿Spandauer Damm向东步行即达

26 联邦总理府

新建政府区最醒目的建筑之一

★★★★ 赏

两德统一后，1991年6月20日，柏林重新成为德国首都，在施普雷河湾政府建筑造型设计的投标活动中，最终柏林建筑师Axel Schultes和Charlotte Frank以他们的"联邦纽带"设计中标。建成后的"联邦纽带"横跨施普雷河，将东西柏林紧密联系在了一起，是柏林新建政府区最为醒目的建筑之一。作为"联邦纽带"组成部分之一的联邦总理府外观为白色，玻璃外墙使建筑透明、宽阔，12米高的石柱使玻璃外墙结构清晰，并产生了内外呼应的透视效果，同历史建筑国会大厦遥相呼应。建筑由中间的九层主楼及较低的向两侧延伸的两翼组成，其上部18米高的半圆形是主楼的标志之一。主楼入口大厅宽阔宏大，用于接待贵宾，两翼则是办公区，透过总理会见厅的透明玻璃或站在阳台上，可以一览柏林蒂尔加藤公园的美丽景色。此外，用于接待国宾的贵宾接待庭院内装饰有西班牙艺术家Eduardo Chillida设计的巨型铁质雕塑《柏林》，充满后现代美感。

Tips

Willy-Brandt-Straße Berlin　乘城铁S3、S5、S7、S9、S75至莱特车站下即达，或乘245、248、340路公交车至莱特车站下可达

27 | 莱特车站

欧洲最大的铁路交通枢纽

于2006年德国世界杯期间建成的莱特车站是欧洲最大的铁路交通枢纽，其前身是第二次世界大战期间被毁的旧莱特车站。新莱特车站除东西方向的特快列车轨道外，还新铺设了南北方向的铁路，其十字路口式的交通网络四通八达。而在车站设计中也体现出这种十字交错的建筑风格，东西方向贯穿着钢架玻璃结构的顶盖，两座平行结构的大楼将南北方向的顶盖腾空架起，南北方向的铁路则从地下通过，从半空鸟瞰宛若一座巨大的十字架形，被称为柏林建筑史上一项十分重要的工程。此外，莱特车站巨大的顶盖同时也是德国最大的玻璃结构顶盖，其网状透明的大厅结构是现代火车站建筑的一个宏伟范例。

Tips
🏠 Invalidenstraße 10557 Berlin　🚇 乘城铁S3、S5、S7、S9、S75至莱特车站下即达，或乘245、248、340路公交车至莱特车站下可达

28 查理检查站
东西德之间的检查站　★★★★ 赏

位于柏林弗里德里希大街和Zimmerstraβe街交会处的查理检查站，在冷战期间曾是非德国人在东西柏林之间通行的关口。现今在查理检查站口依旧有一座重建的美军警卫室矗立街边，旁边立着那块在冷战时期颇为知名的标示牌：你现在正离开美国防区。在查理检查站博物馆内，游人可以了解到德国分裂期间那段特殊的历史，此外冷战时期将东西柏林生硬分开的柏林墙也在博物馆内被着重强调当时柏林人对其的憎恶感。游人除了可以了解柏林墙的历史，还可以看到当时民主德国的人们为了逃往西柏林而使用的各种交通工具和方法，诸如自制热气球、挖掘地道、汽车隐蔽隔间甚至单人潜水艇等，无不令游人惊叹不已。

> **Tips**
> 🏠 Friedrichstr.43-45,10969 Berlin ☎ 030-253-7250　¥ 12.5欧元　🚇 乘U6至Kochstr.站下即达

29 斯塔西博物馆
感受东德的"谍海风云"　★★★★ 赏

位于柏林东郊的斯塔西博物馆在两德分裂期间曾经是民主德国国家安全部"斯塔西"的总部，由于各种描述冷战时期各国间谍之间种种谍报工作的文学艺术作品大受欢迎，每天都有来自世界各地的游人到斯塔西博物馆一探究竟。在这座斯塔西的大本营中，不论是伪装成纽扣藏在大衣上的袖珍照相机、带有录音功能的圆珠笔，还是道路旁一株毫不起眼的绿树都有可能隐藏着各种录音和摄像设备，这些在冷战时期隐藏在阴暗角落的谍报设备如今都被收藏在斯塔西博物馆内。而2007年荣获奥斯卡最佳外语片奖的《窃听风暴》一片中出现过的防侦车也在大楼一层的大厅内展示给游人。此外，位于博物馆三层的指挥总部内还原样保持着斯塔西决策层Erich Mielke和他手下的办公室，以及恶名昭彰的决策会议室。四层走廊的尽头还有一间令人毛骨悚然的囚室。

> **Tips**
> 🏠 Ruschestr.103, Haus 1,10365 Berlin ☎ 030-553-6754　¥ 4欧元　🕐 11:00—18:00
> 🚇 乘U5至Magdalenenstr.站下即达

30 柏林电视塔
柏林最高的建筑

始建于1965年的柏林电视塔于1969年落成，塔身高250米，为钢架水泥结构，顶端的圆球为钢架结构，圆球内共有7层，游人乘坐电梯可在40秒内到达203米高的观景平台，欣赏整个柏林的美丽风景。游人也可以在观景平台上附设的咖啡厅中品尝一杯咖啡，坐在30分钟自转一周的观景平台窗边一览城市风光，感受柏林城的独特魅力。在柏林电视塔上有118米高的电视天线，总高368米的电视塔也因此成为柏林市内最高的建筑，同时也是世界高塔联合会的成员之一。此外，建筑师Walter Herzog和Heinz Aust于1969年至1972年间在柏林电视塔脚下增建了亭式基座，其带有褶状屋顶的侧翼共有三个，其中之一是柏林旅游营销有限公司为游客安排的旅游信息咖啡馆。

Tips
Panoramastr. 1A 10178 Berlin　30-242-33-33　¥6欧元　9:00—次日凌晨1:00　乘城铁S3、S6、S7、S9，乘地铁U2、U5、U8，或乘100、142、157、200、257、348路公交车至亚历山大广场站下可达

31 红色市政厅
简洁明亮的哥特式建筑

毗邻亚历山大广场的红色市政厅是柏林现任市长的官邸，其前身为一幢中世纪风格的建筑。1861年建成的这座市政厅为文艺复兴风格的建筑，中央突出的高塔颇为引人注目，由于用红砖砌成，因此又被称为"红色市政厅"。在德国统一之后，柏林市政厅也重新迁回这幢美丽的红色建筑内。游人在市政厅前建于19世纪的海神喷泉边可以欣赏红色市政厅的独特魅力，或是在水池旁感受这座世界最大的喷泉带给游人的浪漫休闲氛围。

Tips
Rathaus Str.　030-9-02-60　乘100路公交车至Spandauer Str.站下，步行约5分钟即达

德国攻略 | 柏林

32 新国家画廊
充满现代艺术氛围的美术馆

　　由现代建筑的先驱密斯·凡·德罗所建的新国家画廊是一幢钢与玻璃外墙相结合的现代建筑，与新国家画廊毗邻的柏林爱乐音乐厅金黄色的墙面和曲折的造型有如乐海中扬起的风帆，同周围的景色一起随着季节的更迭而映在建筑的玻璃外墙上，与新国家画廊融为一体，充满和谐美感。在新国家画廊内收藏了从19世纪的古典主义精品到第二次世界大战后的现代绘画乃至亨利·摩尔等人的大型雕塑等不同类别的艺术珍品，其中以科尔赫纳等德国表现主义绘画名家的作品最为有名。此外，在新国家画廊内也有科里、毕加索等浪漫主义或印象派大师的绘画作品收藏，是一座充满现代艺术氛围的美术馆。

Tips
- 波茨坦大街50号
- 030-266-42-4510
- 6欧元
- 10:00—18:00
- 乘200路公交车至Philhamonie站下，步行约10分钟即达

33 哈克夏中庭
受人瞩目的文化景点 ★★★★ 赏

始建于19世纪末期的哈克夏中庭在柏林墙倒塌之后加以重建，是一处残留着旧时代感觉的建筑，一如其名称中的"中庭"是德文hof的复数形式hofe，此处拥有

数个不同风格的中庭，还有大量充满时尚气息的露天咖啡座、专卖美术书籍的书店、画廊、电影院和剧院等休闲娱乐设施，与四周瓷砖铺成的中庭相映生辉，分外美丽。此外，在哈克夏中庭附近还有一条沿街两侧林立着众多咖啡厅的奥兰尼恩贝格街，一天24小时都充满热闹的气氛，是一处在游览柏林众多历史名胜之余非常适合休闲娱乐的去处。

> **Tips**
> 🏠 Rosenthaler Str.40/41,10178 Berlin
> ☎ 030-280-980-10 🚇 乘S5、S7、S9至Hackescher Markt站下即达

34 贝壳屋
柏林建筑地标之一 ★★★★ 赏

> **Tips**
> 🏠 Reichpietschufer 60,10785 Berlin 🚇 乘U2或S1、S2至Potsdamer Platz站，沿Reichpietschufer步行至Stauffenbergstr.交会处即达

建于20世纪30年代的贝壳屋虽然只是一幢普通的商业大厦，却以其形似贝壳的起伏外观而成为柏林市内建筑地标之一。这幢已有80余年历史的大厦充满现代建筑元素，令人联想起西班牙建筑大师高迪设计的米拉之屋，其立体线条和白色波浪曲线在半空延伸，令游人印象深刻。

35 包豪斯文献馆

● ● ● 感受现代建筑艺术的魅力　★★★★ 赏

1919年建筑师格罗皮欧斯在魏玛创立的包豪斯建筑学院强调"以艺术结合建筑设计"的设计理念，使德国的建筑与工业设计理念不再遵循古典艺术的品位走向，而改为以工艺品的特性与结构为出发点，创造出强调线条、几何构图和物品功能的设计理念，标志着现代设计的诞生。在包豪斯文献馆内，游人可以欣赏包豪斯设计学院的学生和老师一同设计的作品，其中不乏设计史上颇具代表性的经典作品。简洁的线条和现代元素极强的设计作品与包豪斯文献馆本身都充斥着一种未来主义风格，吸引了众多设计爱好者驻足浏览。

Tips

 Klingelhoferstr.14,10785 Berlin ☎ 030-254-0020 ￥ 7欧元 ⏰ 10:00—17:00 🚇 乘U1、U2、U3、U4至Nollendorfplatz站，沿Einemstr.向北步行即达；或乘100、106、107、M29路公交车至Lutzowplatz站下可达

36 | 东德博物馆

●●● 了解东德的历史 ★★★★

> **Tips**
> 📍 Karl-Liebknecht-Str.110178 Berlin
> ☎ 030-847-123-731　¥ 5.5欧元　🚇 乘S7、S9
> 至Hackescher Markt站下即达

　　第二次世界大战后，德国东部地区被苏联红军占领，在苏联的控制下，德意志民主共和国也就是俗称的东德正式宣告成立，从此德国分裂为民主德国与联邦德国两部分，直到柏林墙倒塌两德才重新统一。东德博物馆内以东德为主题，大部分都是展示东德人衣食住行的生活方面，还有布置成一般东德家庭的样板间，游人可以如同做客一般在这户人家内来回走动，随便动手拉开抽屉，打开柜子和冰箱，了解当时一般东德人家的日常生活，或是看看书柜里当时的东德书籍，打开电视看一下东德的电视节目。而入口处还有可供游人乘坐的东德汽车，游人坐在车内，驾驶室的屏幕上就出现了东柏林的街道。一切都宛如穿越时空来到当时的东德一般，这里是对那个年代感兴趣的游客不可错过的一处博物馆。

37 尼古拉教堂
柏林最古老的教堂 ★★★★ 赏

Tips

📍 Nikolaikirchplatz 5，10178 Berlin ☎ 030-247-245-29 🕐 11:00—18:00 🚇 乘U2至Klosterstraße站下，步行5分钟即达

建于1230年的尼古拉教堂是柏林市内历史最悠久的一所教堂。现存的建筑于1982年重建，并将教堂内部辟为柏林市立博物馆，通过各种图片、文物和资料展出了柏林从1237年到1648年间的风土人情，令游人可以置身其中，感受柏林身为中古世纪商业都市的繁荣风貌，是了解柏林历史的绝佳去处。

38 最后的审判酒吧
柏林历史最悠久的餐厅 ★★★★ 吃

创立于1621年的最后的审判酒吧是柏林历史最悠久的一家餐厅，在近400年的时间里一直深受柏林市民的喜爱。最后的审判酒吧至今依旧保持着创办时的传统与菜肴味道，酒吧内贴着玛尤佳岛瓷砖的古老暖炉颇为引人注目，洋溢着浓郁的怀旧氛围。而这里最受食客欢迎的招牌菜德式水煮猪脚更是物美价廉，盛在餐盘中的分量绝对令每一位慕名而来的游人感到满意。

Tips

📍 Waisenstraße 14-16 Berlin ☎ 030-242-5528 🚇 乘U2至Klosterstr.站下即达

德国攻略　柏林

39 选帝侯大街

● ● ● 柏林最有代表性的林荫大道

★★★★ 赏

Tips
Breitscheid Pl. ☎ 030-218-5023 从动物园火车站步行约5分钟即达

选帝侯大街是柏林最有代表性的林荫大道，它成为欧洲一个象征尊贵的地标，要追溯到1356年查理四世颁发金玺诏书开始。当时罗马帝国的皇帝不再世袭，而由7个公侯中选举产生，这7个有着重要使命和权力的侯就叫做选帝侯。这条柏林最繁华的大街名为选帝侯大街也说明了这条街道在柏林、在德国的商业圈里的特殊地位。在选帝侯大街的两侧，商店、餐厅、咖啡馆、剧院、电影院应有尽有。夏天，宽阔的人行道上摆有许多露天咖啡座，其中历史悠久的"克朗兹勒咖啡馆"是人们最喜爱的咖啡馆之一。

40 波茨坦广场

● ● ● 柏林最有魅力的繁华区域

★★★★★ 赏

位于勃兰登堡门和德国国会大厦以南的波茨坦广场最初只有一个十字路口，在"二战"前曾是欧洲最热闹繁华的区域，第二次世界大战中，广场遭到严重毁坏。由于它地处美、英、法、苏管辖区的交界处，并有柏林墙横穿广场，这繁华一时的城市中心战后沦为没有人烟的隔离区。柏林墙倒塌之后，波茨坦广场曾是欧洲最大的建筑工地。1993年至1998年间，这里建起了戴姆勒·克莱斯勒区，其中有办公楼、商店、饭店、居民住房、餐馆以及Stella-音乐剧院和一个卡西诺赌场，成为柏林最有魅力的场所。

Tips
Potsdamer Platz 10785 Berlin ￥3.5欧元
11:00—20:00 乘城铁S1、S2、S25至波茨坦广场站(Potsdamer Platz)；地铁U2至波茨坦广场站或Mendelssohn-Bartholdy-Park站下车即达；乘129、148、200、248、348路公交车至波茨坦广场站下

德国攻略 柏林

41 无忧宫 75分!
帝王追求无忧境界的宫殿
★★★★★ 赏

一生征伐不断的普鲁士大帝腓特烈二世为了追求清静无忧的居所而建造的无忧宫以法国凡尔赛宫为蓝本，是德国洛可可风格建筑的代表作之一。据说设计图也是由腓特烈二世亲自绘制，反映了当时法国的时尚风潮，法国文豪伏尔泰也曾在此做客。

坐落在葡萄藤台阶上的无忧宫主要建筑以鹅黄色与白色为主，与翠绿色的铜门和屋顶相映生辉，呈现出金碧辉煌、气度非凡的视觉效果。无忧宫的整体面积超过500公顷，除金碧辉煌的无忧宫外，还有无忧公园、新皇宫、橘园、中国茶馆等建筑，兴建年代从1730年直至1916年，跨越了近200年时间，呈现出不同年代建筑风格相互融合的和谐美感，吸引了来自世界各地的游人在此驻足拍照。

Tips
Park Sanssouci 14469 Potsdam 0331-9-69-41-90 ¥8欧元 9:00—17:00 乘U2至Klosterstr.站下即达，或从柏林搭乘S1约30分钟至无忧公园站下即达

087

42 橘园

●●● 文艺复兴风格的宫殿　　★★★★ 赏

Tips
🏠 Ander Orangerie 3-5,14469 Potsdam
☎ 0331-969-4280　¥ **4欧元**　🕐 10:00—18:00
🚌 乘X15、695路公交车至Schloβ Sanssouci站下,沿Maulbeerallee向西步行即达

具有浓郁地中海风格的橘园建于腓特烈·威廉四世时代,最初建造橘园的目的只是为了要在寒冷的冬季存放公园内的热带植物。而被称为"浪漫国王"的腓特烈·威廉四世又钟情于意大利的文化与建筑风格,因而将橘园营造成一座意大利文艺复兴风格的建筑,与周围毗邻的洛可可风格、奢华典雅的无忧宫相映生辉。橘园正中的方形塔楼仿照美第奇别墅而建,主殿的两翼建筑模仿佛罗伦萨乌菲兹宫,其中还有一间专门陈列拉斐尔作品的展厅,虽然展品多为复制品,却也吸引了众多游人的目光。

43 塞西里恩霍夫宫廷

●●● 英式风情的狩猎馆　　★★★★ 赏

位于波茨坦市区东北方向的塞西里恩霍夫宫廷是一幢充满浓郁英国风情的狩猎馆,最初是于1917年为德意志帝国最后一任皇太子威廉及太子妃塞西里恩霍夫所建的一座城堡,现今已经成为对外开放的饭店和餐厅。第二次世界大战结束后,由英、美、苏三国领导人于1945年7月到8月间在波茨坦召开的波茨坦会议即在塞西里恩霍夫宫廷内举行,这次会议对战后的德国历史和经济发展产生了深远影响,当时的会议场所现在已经被改建成博物馆并对游人开放。

Tips
🏠 波茨坦市区东北方　¥ **4欧元**
🕐 9:00—17:00　🚌 乘692路公交车至Schloβ Cecilienhof站下即达

44 中国楼

◉◉◉ 金碧辉煌的原型小屋　★★★★ 赏

德国攻略　柏林

始建于1754年的中国楼是一幢外观可爱的圆形小屋，据说由腓特烈大帝亲自设计，再由御用设计师Johann Gottfried Buering负责建造完成，其金碧辉煌的外观充满奢华典雅的风格。自马可·波罗从遥远的东方帝国归来，以及之后大航海时代众多前往远东贸易探险的航海家转述，中国的瓷器与艺术品在18世纪的欧洲贵族间颇为流行。由于当时欧洲人对遥远的东方国家大多是通过转述和想象，因而众多所谓的中国风情也与实际情况大相径庭。这幢外观金碧辉煌的中国楼同样如此，虽然名为中国楼，却带给来自中国的游客似是而非的陌生感觉。

Tips

🏠 AmGrunen Gitter,14469 Potsdam
☎ 0331-969-4225　¥ 2欧元　⏰ 10:00—18:00
🚌 乘X15、605、606、695路公交车至Park Sanssouci站下，沿Hauptalle向西步行即达

德国
攻略HOW

Part.2 慕尼黑

　　与严谨、保守的德国南部风格相比,慕尼黑的生活节奏活泼、欢快,这里是世界闻名的BMW汽车总部所在,同时还有宛如童话故事中出现的梦幻之城——新天鹅堡。此外,慕尼黑同时保留着原巴伐利亚王国都城的古朴风情,因此被人们称作"百万人的村庄"。

慕尼黑 特别看点！

德国攻略 / 慕尼黑

第1名！
慕尼黑啤酒节！
100分！

★ 慕尼黑人的狂欢节，尽情释放激情的庆典！

第2名！
宁芬堡宫！
90分！

★ 拥有中国元素的王宫，高贵而典雅的美丽建筑！

第3名！
圣母教堂！
75分！

★ 圣母教堂双塔是慕尼黑的标志性建筑之一！

01 慕尼黑玛利亚广场
慕尼黑古城区的中心点 ★★★★★

Tips 🏛 慕尼黑玛利亚广场 ¥ 免费 🕐 全天 🚇 乘城铁至玛利亚广场站下即达

玛利亚广场形成于1158年，是慕尼黑古城区的中心点，同时也是交通要冲，周围的店家林立，来往的人群络绎不绝，非常热闹。在热闹的广场中央，有一座金色圣母像，伫立在大理石柱上。这是慕尼黑人民1638年所建，为了纪念摆脱瑞典的统治。

02 圣母教堂

慕尼黑明信片上展示的标志性建筑 ★★★★ 赏

圣母教堂是慕尼黑明信片上展示的标志性建筑,始建于1468年。其主教堂部分在1488年完工,南北双塔则于1525年完工,是一幢拥有挑高的哥特式屋顶与华丽玻璃花窗的教堂。在第二次世界大战期间,慕尼黑圣母教堂遭到战火焚毁,除两座塔楼外教堂建筑受到严重损伤,直到1995年圣母教堂才重修完工,并由慕尼黑全体市民就是否禁止在市区内修建高于圣母教堂的建筑物进行投票。现今,在慕尼黑市区内最高的建筑物圣母教堂双塔吸引了来自各地的游客。游人在夏日可以乘坐电梯来到教堂塔顶,一览慕尼黑的城市风景和远处阿尔卑斯山脉群峰竞秀的景色。

Tips
🏛 慕尼黑玛利亚广场　¥ 1欧元　📅 4月至10月 10:00—17:00,周日休息　🚇 乘地铁至玛利亚广场站下即达

03 圣彼得教堂

慕尼黑最古老的教堂 ★★★★ 赏

竣工于11世纪的圣彼得教堂是慕尼黑市内历史最悠久的一所教堂,近千年的时间里圣彼得教堂曾经数次重建。建于14世纪的教堂双塔在17世纪的改建中仅余一座,教堂也改建为巴洛克风格,之后又在18世纪改为洛可可风格。教堂内庄严的大堂以白色和金色为主,天花板上绘有描述耶稣使徒彼得倒钉十字架殉教的宗教故事。虽然圣彼得教堂经过数次重建,但慕尼黑市民却一直对这里颇为喜爱,并昵称其为"老彼得"。顺着教堂顶部的294级楼梯可以登上教堂的高塔,游人在这里可以一览慕尼黑旧城区的美丽风光。

Tips
📍 Rinder Markt 1　☎ 089-260-4828　¥ 免费
🕐 7:30—19:00　🚇 乘S1、S2、S4或U3、U6至玛利亚广场站下即达

德国攻略　慕尼黑

04 慕尼黑新市政厅

气势恢弘的哥特式建筑 ★★★★

地处玛利亚广场北侧的慕尼黑新市政厅始建于1867年,直到40年后方竣工落成,是一座棕黑色哥特式建筑,外观气势恢弘,正面装饰有巴伐利亚国王以及寓言和传说中的英雄、圣人等雕像。慕尼黑新市政厅高85米的钟楼上拥有全德国最大的木偶报时钟,每天11、12、17、21点整点时都会有真人大小的32个木偶分上下两排列队而出,配合着音乐惟妙惟肖地演出威廉五世1558年大婚的情景,吸引了众多游人仰头观看。

Tips

慕尼黑玛利亚广场北侧 089-233-00 1.5欧元 周一至周五9:00—19:00,周末10:00—19:00 乘地铁至玛利亚广场站下即达

05 慕尼黑皇宫区
慕尼黑古典建筑的汇集 ★★★★★ 赏

Tips
🏠 慕尼黑市中心　💰 4欧元　🕘 9:00—18:00　🚇 乘地铁至Odeons platz站下，或乘19路有轨电车即达

位于慕尼黑市中心的慕尼黑皇宫区汇集了当地从16世纪到19世纪期间包括国王大楼、马克西米里安皇宫、宴会厅大楼、巴伐利亚歌剧院、将军纪念堂等或辉煌、或宏伟、或简单、或繁复的历史建筑。其中最引人注目的旧皇家剧院是一座外观呈金红色的洛可可式建筑，而建于1571年的古物博物馆则是阿尔卑斯以北最大的文艺复兴时期的非宗教用途会堂，现今被用作巴伐利亚州宴会厅，而皇宫珠宝馆则展出了众多价值连城的珍宝，其中还包括君主加冕时所用的皇冠。此外，相传游人如果抚摸在慕尼黑皇宫区的狮子雕像的鼻子，就可以得到保佑，因而经常可以看到来自各地的游人轮番抚摸狮子雕像。

06 宁芬堡宫
历代王侯的夏宫 ★★★★★ 赏

坐落在慕尼黑西北郊的宁芬堡是历代王侯的夏宫，整座宫殿坐西朝东，由一幢幢方形楼房连接成一组建筑物。主楼雄伟壮观，展开的两翼对称和谐，远远望去主次分明。宫殿前一潭清水，天鹅、野鸭、冲天的喷泉，浓荫掩映的笔直人工河，构成一幅宁静典雅的风景图。宫殿内众多的厅堂之中，值得一提的是中国之阁，里面的装饰摆设全是中国式的，诸如壁纸、屏风，绘着龙凤、山水、花鸟、虫鱼，还陈列着中国的漆器和瓷器。宫中还有一个独特的群芳画廊，陈列着由宫廷画家斯蒂勒所作的36幅油画，画上的美人个个天生丽质，仪态万方。

Tips
🏠 慕尼黑西北郊　📞 089-179-080　💰 10欧元　🕘 9:00—18:00　🚊 乘17路电车至Schlosss Nymphenburg站下，步行即达

07 阿玛琳堡

巴伐利亚选帝侯的避暑行宫  赏

毗邻宁芬堡的阿玛琳堡建于18世纪30年代，是巴伐利亚选帝侯卡尔·阿尔布鲁希特以其夫人阿玛琳命名的一座避暑行宫。阿玛琳堡由建筑师弗朗索瓦·德维居莱设计，外观带有18世纪法国建筑严谨质朴的特色，室内装饰则是轻松活泼的风格。与欧洲众多古堡不同，阿玛琳堡的最初设计就完全放弃了城堡的防御功能，豪华考究的装饰使其宛如一件艺术珍品般充满浓浓的童话氛围，被誉为最完美的洛可可式建筑之一。

Tips

🏠 慕尼黑西北郊　💰 2.5欧元　🕘 9:00—18:00　🚋 乘17路电车至Schloße Nymphenburg站下，步行即达

德国攻略 慕尼黑

08 英国花园
风景如画的自然公园 ★★★★ 赏

Tips
 慕尼黑市区东北方　🚇 乘地铁至Universität、Giselastraße或Münchener Freiheit站下，步行即达

英国花园最初是公爵们狩猎的场所，叫卡尔·特奥多公园，1972年，公园首次开放，因为按照英国的样式建造而得名。它围绕着老城区、Schwabing区和伊萨河，是欧洲最大的城市公园之一。英国花园是慕尼黑人休闲的最佳去处，有着专门的林荫小道、专门的自行车道，甚至还有马道。公园南端有日本在1972年赠送的日式茶坊。中部则是仿中式建筑的"中国塔"。在中国塔的周围是慕尼黑第二大露天啤酒园。北部的两个露天啤酒园也很是气派。

09 谷物市场

慕尼黑最受欢迎的食品市场

> **Tips**
> 🏠 Am Viktualien Marktet ☎ 089-233-234-73 ⏰ 10:00—18:00 🚌 乘S1、S2、S3、S4、S5、S6、S7、S8至玛利亚广场站下,步行即达,或乘52路公交车至Viktualien站下可达

　　谷物市场是慕尼黑最受欢迎的食品市场,出售各种新鲜食品和熟食,最初是一个农民集市。这里有100多个店铺,出售鲜花、进口水果、猎物、家禽、调味品、奶酪、鱼、果汁等。在慕尼黑其他任何地方都找不到如此多种类的新鲜、精美的食品。大多数店铺都在规定时间开放,花店、面包房和餐馆则有自己特别的开放时间。在慕尼黑嘉年华会中有一个非常古老的节目,就是谷物市场的老板娘们穿着滑稽的服装表演舞蹈。

10 德意志博物馆

世界上最早的科技博物馆之一

　　德意志博物馆坐落在慕尼黑市伊萨尔河中的一个岛上,是欧洲现有科技博物馆中规模最大的,也是世界最早的科技博物馆之一。博物馆是一个4层口字形建筑,其展览面积5万平方米左右。内院的另一侧为图书馆和科技史研究所,图书馆内藏书丰富。博物馆内展出有复原的伽利略实验室、"一战"和"二战"时德国发明的潜水艇和火箭、仿真地下矿井,以及德国特产的精良乐器等,其中最吸引人的是高压电展厅中的100万伏雷电模拟表演装置。

> **Tips**
> 🏠 慕尼黑伊萨尔岛 Museumsinsel 1,80538 München ☎ 089-217-91 💰 7.5欧元 ⏰ 9:00—17:00 🚌 乘城铁S1—8至Isartort站下即达

11 伦巴赫之家市立博物馆

慕尼黑著名的美术馆之一

Tips

 Luisenstraße 33,80333 München ☎ 089-233-320-00 ¥ 成人12欧元，15岁以下儿童6欧元，家庭票18欧元 ⏰ 周一至周五10:00—18:00，周六10:00—15:00 🚇 乘地铁至Universität、Giselastraße或Münchener Freiheit站下，步行即达

伦巴赫之家市立博物馆是慕尼黑著名的美术馆之一。伦巴赫是19世纪名震一时的肖像画家，以他名字命名的博物馆是一个马蹄形的小院，米黄色2层小楼，院内有大小两个喷泉，长翅膀的小天使坐在4匹马驾驭着的莲花盆顶不停喷水，造型优美，活泼可爱。6尊黑人铜铸雕像错落有致地分散在庭院草地上，周围古树参天，铁栏杆围墙上爬满了藤蔓花草。这座小巧玲珑的庭院本身就是一座典雅优美的艺术品，经常会有人坐在这里写生。

12 皇家啤酒屋

领略慕尼黑的啤酒文化

Tips

 慕尼黑维也纳广场内19号 ☎ 089-290-136-0 ⏰ 9:00—23:30 🚇 乘地铁至玛利亚广场站下即达

始建于1589年的皇家啤酒屋的前身是皇家啤酒厂，可容纳5000人的建筑内拥有可容1000人开怀畅饮的宴会大厅，每天都有近万升的HB啤酒从这里运往慕尼黑各地的酒馆和餐厅。在宴会厅内还有演奏世界名曲的乐队，由于近年中国游客日渐增多，《义勇军进行曲》也成了这里的必奏曲目之一，带给中国游客一种油然而生的亲切感。在装饰别具一格的啤酒屋内，有着浓郁的巴伐利亚风情歌舞表演。此外，茜茜公主、歌德、列宁、莫扎特等历史名人都在这里留下过身影，为这处400余年历史的啤酒屋增添了厚重的历史韵味。

德国攻略 | 慕尼黑

13 新天鹅城堡
童话世界中的梦幻城堡　★★★★★ 赏

始建于1869年的新天鹅城堡是根据巴伐利亚国王路德维希二世的梦想设计建造而成,以瓦格纳的音乐剧《天鹅骑士》为建造灵感的新天鹅城堡与四周的湖泊、群山一同洋溢着浪漫唯美的中世纪气息。绚丽奢华的新天鹅城堡内不论壁画、门把手还是浴盆上随处可见以天鹅为主题的装饰,辉煌的大厅穹顶上点缀着灿烂繁复的星辰,墙上的壁画描绘了歌剧《唐豪瑟》中的场景,高耸的大厅正中是高悬的金色皇冠,象征着至高无上的王权。每年9月这里都会举办音乐会。此外,充满梦幻色彩的新天鹅城堡还是迪斯尼乐园中仙履奇缘宫以及芭蕾舞剧《天鹅湖》的背景原型。

Tips
- 拜恩州富森近郊　☎ 083-629-398-80　¥ 9欧元
- 4月至9月9:00—18:00,10月至次年3月10:00—16:00
- 在慕尼黑乘坐至富森的火车,换乘310路公交车即达

14 圣米歇尔教堂

媲美圣彼得大教堂的圆顶

★★★★★ 赏

建于16世纪末的圣米歇尔教堂毗邻慕尼黑新市政厅西侧，是一座拥有可媲美梵蒂冈圣彼得大教堂圆顶的文艺复兴风格建筑。在教堂地下安葬着巴伐利亚王室维特尔斯巴赫家族的灵柩，其中最著名的就是修建了新天鹅城堡的路德维希二世。此外，在圣米歇尔教堂对面的卡尔广场正中央拥有一座为纪念在慕尼黑诞生的作曲家理查·施特劳斯的巨型喷泉，吸引了众多游人在这里小憩片刻，拍照留念。

> **Tips**
> 🏠 Krayenkamp 4c　¥ 眺望台3欧元
> 🕙 10:00—17:00　🚌 在中央车站乘37路公交车至St. Michaeliskirche下即达

德国攻略　慕尼黑

15 奥林匹克公园

慕尼黑的地标公园

Tips

Spiridon-Louis-Ring 21.D-80809 München ☎89-306-70 ¥2欧元 ⊙9:00—16:30 乘36、41、81、84、136、184路公交车至奥林匹克公园站下即达，或乘地铁U3至奥林匹克公园站下可达

位于慕尼黑城北部的奥林匹克公园由可容纳8万人的奥林匹克体育场、综合体育馆、自行车竞技场、曲棍球场、拳击馆、水上运动人工湖以及奥林匹克村等33个体育馆组成，是1972年慕尼黑夏季奥运会的主场地。作为慕尼黑市内的地标建筑群之一，奥林匹克公园至今仍旧是许多大型体育竞赛的主办场地。此外，滚石乐队、邦·乔维和罗比·威廉姆斯也都曾在这里举行过音乐会。

奥林匹克公园内最为引人注目的就是由50根柱子支撑起网状帐篷式顶盖、屋顶为半透明人造有机玻璃的体育场，这座由慕尼黑建筑师贝尼斯和奥托所设计的体育场充满十足的韵律感和现代风情，被赞誉为世界建筑史上的奇迹。毗邻体育场的奥林匹克塔高290米，分为四层，其中第二层为观景台，并设有旋转餐厅，游人可在餐厅品尝美味料理之余从半空俯瞰慕尼黑的城市风光。

16 安联体育场
2006年世界杯开幕式球场

于2005年竣工的安联体育场是德甲球队拜仁慕尼黑和同城对手慕尼黑1860的主场。共耗资2.8亿欧元的安联体育场可容纳66000名观众，2006年德国世界杯开幕式即在安联体育场内举办。安联体育场与北京鸟巢体育场同样是由瑞士赫尔佐格-德穆龙建筑事务所设计，外立面使用了透明的充满空气的材料，安联球场的胶膜厚度仅0.2mm，采用的是传统上用于植物温室设计的EFTE材料，经过7道表层处理让它从里到外发挥均匀的透光透色效果，从外面看却又不会有透明感。胶膜具有自洁、防火、隔热、防冻的功能，并能让场内一直保持350帕斯卡的大气压力。此外，内嵌发光系统的胶膜还可使外墙分别发出拜仁慕尼黑的主色调——红光、慕尼黑1860队的主色调——蓝光或是代表德国国家队的白光。在夜幕降临后宛如一座发光的充气救生筏，因而德国人为其起了一个"橡皮艇"的绰号。

Tips
🏠 Werner-Heisenberg-Allee 25, 80939 München ☎ 089-2005-0 🚇 乘地铁U6至Frottmaning站下即达

17 宝马大厦
外观酷似发动机的BMW总公司

Tips
🏠 Petuelring130 ☎ 089-38-22-33-07 ￥ 2欧元 🕘 9:00—16:30 🚇 乘地铁U3至Olympia Zentrum站下，步行约10分钟即达

毗邻奥林匹克塔的宝马大厦是慕尼黑所在的巴伐利亚州引以为傲的汽车厂商BMW总公司所在地。外形酷似汽车发动机的宝马大厦内底部3层被辟为展厅，介绍了于1916年创立的BMW近百年的历史发展过程，展品每5年会更换一次，也设有纪念品店。展厅内的参观通路呈螺旋状延伸，按照生产的年代陈列着从建厂到现今各种型号的宝马汽车，游人可以在大门处租上一副耳机，充分了解BMW的历史。

位于大厦旁的宝马博物馆内更是从战前的Dixi系列、Isetta系列直到赛车，所有宝马公司投入市场的汽车都可以寻觅到，此外还有各式各样的发动机、涡轮机、飞机和摩托车。不论是巴黎-达喀尔汽车拉力赛赛车，还是战前的老式摩托赛车，或是一级方程式赛车与旅游车，每一辆汽车都凝聚着宝马引以为傲的工业技术，吸引了来自世界各地喜爱BMW品牌的游人的目光。

18 慕尼黑美术博物院

世界最大的现代美术馆之一

Tips
- Baser-Straße 27
- 089-238-052-16
- 5欧元
- 10:00—17:00

由古绘画陈列馆、新绘画陈列馆和现代绘画陈列馆组成的慕尼黑美术博物院是世界最大的现代美术馆之一，在超过1.5万平方米的展区内，收藏展示了大量20世纪和21世纪的绘画、雕塑、建筑和设计艺术作品。其中古绘画陈列馆是路德维希一世即位后为将维特尔斯巴赫家族的艺术藏品公之于众而聘请建筑师雷奥·冯·克兰茨在1825年设计建造的一座大型美术馆。具有威尼斯文艺复兴建筑风格的美术馆收藏的鲁本斯绘画作品为世界之最，是世界六大油画收藏馆之一，其中丢勒救世主模样的《自画像》、《四门徒》和《麦琪的崇拜》以及波提切利的《圣母怜子图》均堪称不可多得的艺术珍品。与古绘画陈列馆毗邻的新绘画陈列馆则是现代化的外观，以德国浪漫主义和自然主义绘画为中心，展出19世纪欧洲各地的绘画，以收藏凡·高、莫奈、高更等19世纪以后近代绘画巨匠的作品为主。现代绘画陈列馆内则收藏展示了20世纪现代艺术、设计、雕塑、摄影作品和电视艺术的整个发展过程，有达利、毕加索、沃霍尔、马蒂斯等人的作品。

19 巴伐利亚歌剧院
宛如希腊神殿的歌剧院　　　★★★★ 赏

始建于1811年的巴伐利亚歌剧院由巴伐利亚大公马克西米里安一世修建，歌剧院毗邻马克思约瑟夫广场，其希腊神殿般的外观颇为宏伟壮观，是现今世界上每年演出场次最多的歌剧院之一。此外，自从1875年以来，每年6月及7月在慕尼黑都会举行慕尼黑歌剧节，不少著名剧目都会在歌剧院内上演，是喜爱歌剧的游人不可错过的一出"饕餮盛宴"。

Tips
🏠 Max Joseph Pl. 3　☎ 089-218-519-20　🚇 乘S1、S2、S4、U3、U6至玛利亚广场站下，步行约15分钟即达

20 巴伐利亚电影城
德国规模最大的电影城　　　★★★★ 赏

建于1919年的慕尼黑巴伐利亚电影城是德国规模最大的电影片场之一，面积达到35.6万平方米，众多人们耳熟能详的大导演，如希区柯克、比利·怀尔德、奥逊·威尔斯、法斯宾德、彼德森、维姆·文德斯等人都曾经在这里拍过戏。游人可在导游的带领下参观不同风貌的电影布景，也可以了解高科技的转播车是怎样进行现场制作的，或是在这里体验4D电影院的特殊音效系统与身临其境的感觉。此外，在巴伐利亚电影城内，每隔30分钟就会有一次巴伐利亚特技表演，特技演员的表演吸引了来自世界各地的动作片影迷，是一处电影爱好者不可错过的地方。

Tips
🏠 Bavaria film platz 7　☎ 089-649-923-04　¥ 10欧元　🕘 9:00—17:00　🚇 乘地铁至Silberhorn站下，换乘25路有轨电车至巴伐利亚电影广场站下即达

21 慕尼黑啤酒节 100分！
拥有百年历史的啤酒嘉年华 ★★★★★ 玩

Tips
- 慕尼黑中央车站南方的Theresienwiese
- 每年10月第一个周日之前两个星期的周末开始
- 乘U4、U5至Theresienwiese站下即达

拥有超过百年历史的慕尼黑啤酒节不论气氛还是啤酒本身都堪称世界第一。每年慕尼黑啤酒节期间，除了超大型的啤酒帐篷外，还有众多令人大开眼界的游乐设施、巴伐利亚的传统食物和现场的音乐表演都令人亢奋不已，热闹非凡的气氛也吸引了来自世界各地的游客在啤酒节期间汇聚慕尼黑。啤酒节期间，随处可以看到身穿巴伐利亚传统服饰的人们开怀畅饮，即使彼此并不相识，也可以通过畅饮杯中的啤酒成为好友，这是每年秋季在德国绝对不可错过的一场啤酒嘉年华。

22 东尼索餐厅
巴伐利亚的传统餐厅 ★★★★ 吃

Tips
- Weinstr.1,80333 München
- 089-22-01-84
- 9:00～24:00
- 乘城铁S1至玛利亚广场站下，步行5分钟即达

开业于1315年的东尼索餐厅最初只是一家规模很小的酒品转运站，直到1760年至1775年之间才逐渐演变成一家提供啤酒的餐厅，迄今已有700余年的悠久历史。相传，东尼索餐厅店名的由来是，当地人相约去餐厅用餐的时候都会直接说"Zum Donisl"，久而久之，餐厅的名字也就成了"Donisl"。在东尼索餐厅，游人可以品尝到味道纯正的巴伐利亚美味猪脚餐，分量十足的巴伐利亚特色菜肴被盛在盘子中，平易近人的价格和快速而亲切的服务令其名声大噪，拥有众多回头客。此外，不可错过在东尼索餐厅常年供应的萨尔瓦多烈性啤酒，每天傍晚6点以后餐厅内还会有音乐表演，可以在品尝美味料理的同时欣赏优雅的音乐。

23 古代雕刻博物馆

古希腊罗马雕塑珍品

位于国王广场的古代雕刻博物馆毗邻慕尼黑城门，周围有着大量的艺术博物馆。古代雕刻博物馆外正面立有18尊精巧的雕像，游人在博物馆内可以欣赏路德维希一世收藏的大量古希腊和罗马的雕塑珍品。在琳琅满目的博物馆藏品中，最有价值的当属阿吉纳的爱法伊娥神殿雕像，以及特内亚的《阿波罗像》等作品。

Tips
Konigs Pl.3　089-28-61-00　9:00—24:00　乘地铁U2、U8至Konigs Pl.站下，步行5分钟即达

24 奥格斯堡

文艺复兴之城

始建于公元前15年罗马皇帝奥古斯都时代的奥格斯堡，地处菲森莱希河与韦尔塔赫河之间，最初是罗马帝国军队的驻扎地，11世纪后逐渐成为一处贸易集散地。15、16世纪是奥格斯堡经济繁荣的时代，当时城里的富格和威尔士两个商人世家通过经营远方贸易和银行业务获得了巨额财富，富格还于16世纪初创建了世界上最早的福利机构——富格之家。至今依旧在营业的富格之家充满古朴的历史风韵，常春藤在外墙盘根错节，带给游人以历史悠久的感觉。被称为"艺术之城"、"文艺复兴之城"和"彩色之城"的奥格斯堡在历史上出现过众多名人，莫扎特家族、18世纪的建筑师威尔瑟家族、埃利亚斯、霍尔本和阿格奈斯·贝尔诺，以及德国最伟大的诗人布莱希特都为这座古老的城市增添了各种艺术元素，对游人产生了巨大的吸引力。

Tips
巴伐利亚州慕尼黑以西　0821-502-07-0（奥格斯堡旅客服务中心）　由慕尼黑搭乘ICE约40分钟即达奥格斯堡

德国
攻略HOW

Part.3 法兰克福

位于美因河下游的法兰克福是黑森州最大的城市。作为德国的门户,法兰克福拥有德国最大的机场和欧洲大陆上最大的货运和客运量,同时法兰克福也是德国重要的工商业、金融和交通中心。

法兰克福 特别看点！

德国攻略 | 法兰克福

第1名！
海德堡！

100分！
★ 欧洲最大的城堡之一！

第2名！
美因河！

90分！
★ 法兰克福的主要河流，莱茵河的支流！

第3名！
法兰克福金融区！

75分！
★ 欧洲金融中心，摩天大楼林立的都会区！

---

01 | 法兰克福歌德博物馆和歌德故居
德国最伟大诗人的故居　　　★★★★ 赏

歌德博物馆和歌德故居位于法兰克福市中心的格罗·希尔施格拉本大街上，是德国最伟大的诗人约翰·沃尔夫冈·冯·歌德诞生的地方。歌德故居内展示了18世纪歌德家中的生活情况，除了保持原样的厨房、客厅及卧室的摆设之外，还展示了歌德亲笔撰写的文章及许多知名画家的作品，吸引世界各地的游客慕名前来。歌德故居旁边的建筑现今被建置为歌德博物馆，馆内陈列有歌德亲笔写的信及手稿，还提供多种语言导览，让来自各地的游客都能深入了解歌德的生涯故事，是法兰克福著名的旅游景点。

> **Tips**
> 🏠 Großer Hirschgraben 23-25,60311 Frankfurt an Main ☎ 069-13-88-00 ¥ 3.58欧元 🕐 10月至次年3月周一至周五9:00—16:00，周末10:00—16:00，4月至9月周一至周五9:00—18:00，周末10:00—16:00 🚇 乘U1-3、U6、U7、S1-6、S8、S9至Hauptwache站下，向南步行右转即达

02 罗马市政厅
哥特式风格的建筑群　　　　★★★★

由三座中世纪时期的房屋组成的罗马市政厅是法兰克福市行政机构和市长的办公之处，其名称源自其中一座名为罗马人的最古老奢华的房屋，这座房子中的皇帝大厅内悬挂着52位皇帝的肖像。1405年，罗马市政厅被法兰克福市政府买下。19世纪末，这组楼群的正面墙被统一改为新哥特式风格。

> **Tips**
> 🏠 Römerberg 23, 60311 Frankfurt am Main ☎ 069-212-385-89 🚇 乘地铁至Romer站下即达

03 美因河 90分！

莱茵河右岸的重要支流 ★★★★ 赏

> **Tips**
> 🏠 库尔姆巴赫附近

美因河是德国莱茵河右岸的重要支流，由魏瑟美因河和罗特美因河在库尔姆巴赫附近汇合而成，在美因茨注入莱茵河。河谷以上396公里可通航，有运河接通莱茵河和多瑙河两大水系，河谷地带人口稠密。主要河港有维尔茨堡、法兰克福。美因河沿岸旅游的最好城市是法兰克福。在公元纪年前后，莱茵河和多瑙河是罗马帝国的北方边界，罗马人修筑了绵延数百里、连接两河的长城，并在法兰克福所在地附近设置驻军营地。之后直到公元8世纪，这里才开始兴起并逐渐发展成重要城市。

04 施特德尔艺术学院
收藏艺术圣地

施特德尔艺术学院即施特德尔美术馆,是由法兰克福的银行家施特德尔捐资设立的绘画馆。它广泛地收集了自中世纪至现代的德国、日本、意大利、荷兰及法国绘画,其中梯斯巴因所作的歌德肖像画《堪帕涅的歌德》是众多歌德像中最有名的,每天都会有大量的歌德迷来参观。除此之外,中世纪的德国佛朗多绘画,14至18世纪的意大利画派、浪漫派与纳扎雷派以及表现主义等画派的知名画家的作品也都能欣赏到。

Tips
📍 Schaumainkai 63　☎ 069-605-09-80　¥ 6欧元　🕐 10:00—17:00　🚇 乘地铁至Schweizer Platz站下即达

05 德国电影博物馆
德国最杰出的电影博物馆

Tips
📍 Schaumainkai 41,60596 Frankfurt am main　☎ 069-961-220　¥ 2.5欧元　🕐 依各展览活动而异　🚇 乘地铁至Schweizer Platz站下即达

德国电影博物馆是德国最杰出的电影博物馆,博物馆的二楼以收藏和演示老电影为主,楼下的展馆着重以物品编年史的手法向游客展出电影的发展历程,包括有埃米尔·雷诺1882年的"实用镜"、爱迪生1889年发明的活动电影放映机、卢米埃兄弟1895年发明的"电影机"的复制品等。同时还会向游客生动地展示如何制作电影特效,如电影《侏罗纪公园》等。

德国攻略　法兰克福

113

06 采尔大街

法兰克福的步行者天堂 ★★★★ 逛

Tips
🚇 Zeil 🚆 乘U1、U2、U3、S2、S5、S6至Hauptwache站下即达

　　德国的各款名牌产品，其品质、实用性及耐用性均获得全世界的一致好评，法兰克福就是世界知名品牌的集中地。法兰克福的购物中心区在采尔大街上，这条街云集了大大小小的世界品牌，有很多大型的百货商场和专卖店，堪称是"步行者的天堂"，热闹非凡。

07 博物馆区

法兰克福的艺术与文化区 ★★★★ 赏

　　位于法兰克福市萨克森豪森区美因河畔的博物馆区地处埃塞尔那铁桥与和平桥之间，汇集了13家不同类型的知名博物馆，包括收藏有不同时代的雕塑作品，同时还有埃及古代文化展的古代雕塑博物馆，展示通信历史的德国邮政博物馆，展出自中世纪至现代的西洋绘画作品、其展品总数接近10万件的国家艺术学院即施特德尔美术馆，展示从石器时代至今的人类居住地等一系列展览的德国建筑博物馆，以电影历史为主题的德国电影博物馆，德国六大工艺美术馆之一的应用艺术博物馆，以及收藏了大量俄罗斯宗教油画的圣像博物馆等。这里是法兰克福的文化与艺术区，也是德国乃至整个欧洲颇为知名的一处特殊博物馆景区，它使法兰克福这个德国金融之都在国际艺术界也颇为知名。此外，法兰克福博物馆区也是各种文化活动的举办场所，如每年8月的最后一个周末在这里举行的博物馆河岸节、每年春天举办的"博物馆之夜"等活动都吸引了大量游人的注意。

Tips
🏛 萨克森豪森区埃塞尔那铁桥与和平桥之间　¥ 依各博物馆而异　¥ 法兰克福博物馆联票15欧元　🕙 10:00—17:00，周三10:00—20:00　🚆 乘U1、U2、U3至Sehweizer Pl.站下，步行约10分钟即达

08 圣保罗大教堂
举行第一次德国国民会议的教堂 ★★★★ 赏

建成于1833年的圣保罗大教堂曾在1848年举行了第一次德国国民会议，并在此订立了德国统一宪法，是象征着德国民主共和与自由的历史建筑。采用古典主义风格建造的圣保罗大教堂在第二次世界大战期间被毁，之后于1949年重建。现今在教堂内还展示有大量德国民主统一的历史资料和图片，是游人了解德国历史的好地方。

Tips
🏠 Paul Pl. 💴 免费 🕙 10:00—17:00 🚇 乘U4、U5至Romer站下，步行约5分钟即达

09 欧洲大厦
欧洲中央银行总部 ★★★★ 赏

Tips
🏠 Kaiserstraβe 29,60311 Frankfurt am Main
☎ 069-134-40 🚇 乘U1、U2、U3、U4、U5至Willy-Brandt-Platz站下，步行即达

欧洲大厦前有一个颇为醒目的巨大蓝色欧元标志——€，上面点缀着黄色的五角星。作为欧洲中央银行总部所在的欧洲大厦是流通大半个欧洲的货币——欧元发行及管控中心，那枚巨大的€标志也因而成为大量游人来到法兰克福后不可错过的合影标志。此外，欧洲大厦所在的街区毗邻法兰克福著名的摩天大楼群，其中最高的商业银行高249米，游人可登上200米高的美因大厦顶层展望台和观景台一览法兰克福的街景，感受摩天大楼群营造出的现代大都会所独有的魅力。

德国攻略 法兰克福

10 森肯伯格博物馆

世界上最著名的自然博物馆之一

森肯伯格博物馆门前的广场上摆有两个1:1大小的仿真恐龙，令游人在进入博物馆之前就可感受到自然生物的独特魅力。森肯伯格博物馆分为爬行类动物展厅、哺乳类动物展厅、昆虫鸟类展厅和海洋生物展厅等4个不同类别的展厅，向游人展示了博物馆从世界各地收集的动植物标本、古生物化石标本和矿物岩石标本数百万件，许多馆藏都是稀世之宝。其中的古生物展品非常丰富，包括古鱼类、恐龙、始祖鸟和哺乳动物等各种门类，向人们展示了40亿年以来地球的变迁和各种生命形态的演化，是德国最大的自然博物馆，也是世界上最著名的自然博物馆之一。

Tips

与一般的自然博物馆不同，森肯伯格博物馆内拥有一台巨大的"时间机器"，通过多媒体设备模拟了地球表面的变化，游人可以透过这台"时间机器"感受7.5亿年前的过去或2.5亿年后的未来，以回顾或展望地球的发展，充满独特魅力。此外，博物馆内附设的电影院还运用现代技术生动地再现了自然演变的过程。
¥ 6欧元，66岁以上5欧元，6—15岁的未成年人3欧元 🕘 9:00—17:00

德国攻略 法兰克福

11 老歌剧院
巴黎歌剧院的复制品 ★★★★

Tips
📍 Opernplatz, 60313 Frankfurt an Main
📞 069-134-00 🚇 乘U6、U7至Alte Oper站下即达

位于法兰克福新旧建筑交会处的老歌剧院建于1880年，与附近毗邻的摩天大厦相比，希腊风格的外观与圆拱形窗户充满古典美感，带有浓郁的后文艺复兴风格。歌剧院的内部装饰则是富丽堂皇的巴洛克风格，是一幢完美模仿巴黎歌剧院的优雅建筑。1880年10月20日落成后，当时的德意志皇帝威廉一世亲自为其举行了开幕典礼。在第二次世界大战期间，老歌剧院毁于战火，直到1976年德国政府才开始对被称为"德国最美遗迹"的老歌剧院进行复建，并于1981年重新落成开幕。重建后的老歌剧院希腊式的山形门楣、列柱和拱廊，以及屋顶端的飞马雕像都散发出一种辉煌时代的高雅魅力，内部装饰则充满现代风格，除了用作歌剧、音乐会和舞台剧等艺术表演外，还经常有各种国际会议在老歌剧院内召开。

12 法兰克福大教堂
德国皇帝加冕的教堂 ★★★★★ 赏

位于罗马广场东侧的法兰克福大教堂原名圣巴托洛梅乌斯教堂，是为纪念耶稣十二使徒之一的圣巴托洛梅乌斯而于13世纪修建，迄今已有600余年历史。虽然法兰克福大教堂在历史上从未有红衣主教驻留，但由于1356年神圣罗马帝国皇帝查理四世颁布《金玺诏书》规定帝国皇帝从七位选帝侯中选出，选举地点即在教堂密室内，之后从1562—1792年间神圣罗马帝国皇帝的加冕典礼也均在法兰克福大教堂内举行，因而教堂又被称为皇帝大教堂。大教堂在德国历史上占有重要地位，现今教堂宝库内依旧陈列有大主教们在加冕典礼时所穿的华丽衣袍。600余年来，法兰克福大教堂经过不断修复与扩建，优秀的艺术家们将其才华应用在教堂每一个细节装饰上，不论圣坛、油画、回廊还是浮雕均堪称艺术珍品。高95米的教堂主楼建于15世纪，是一幢哥特式塔楼，游客可以登上高40米与75米的两处观景平台一览周围风景。

Tips
- Domplatz 14,60311 Frankfurt am Main
- 069-297-0320　¥ 免费　⏲ 10:00—17:00
- 乘U4、U5至Dom/Romer站下步行即达，或从火车站步行15分钟可达

13 法兰克福金融区　75分!
欧洲最重要的金融中心之一 ★★★★★ 赏

摩天大厦林立的法兰克福金融区是欧洲最重要的金融中心之一，包括德国德意志银行、德国商业银行、德国德累斯顿银行、花旗银行、中国银行等超过300家德国和外国银行，以及1957年由德国各州立银行组成的德国中央银行。1994年在此设立德国货币基金会，1998年设立的欧洲中央银行等世界各国金融机构也纷纷入驻金融区内，各银行大楼林立的金融区也成为德国唯一的摩天大楼群，其现代大都会的独特魅力吸引了大量游客。此外，法兰克福金融区内的法兰克福证券交易所同时也是世界四大证券交易所之一。

Tips
- Frankfurt Bankenviertel　069-297-0320
- 乘城铁至Taunusanlage站下即达

14 棕榈树公园

德国最大的植物园

位于法兰克福市中心的棕榈树公园占地26公顷，栽种了来自世界各地的植物，宛如一个植物王国，是德国规模最大的植物园。由商业园艺师兼园艺建筑师海因里希·斯迈尔于1868年设计建造的棕榈树公园，1871年开始正式对公众开放，游人在园内不仅可以欣赏到主题公园和玻璃暖房中来自世界各地的奇花异草，也可在园中小径漫步或是在躺椅上小憩片刻。除了茂密的植物之外，棕榈树公园内还经常举办一系列的主题展览，吸引了众多游人。

Tips

 Siesmayerstraße 61　4欧元　9:00—18:00　乘地铁至Bockenheimer Warte站下，步行即达

15 老证券交易中心
全世界最重要的股票交易所之一 ★★★★ 赏

建于19世纪初期的老证券交易所是一幢充满文艺复兴特色的建筑，建筑外观装饰有众多丰富多彩的雕像，高43米的钢筋玻璃穹顶则为这幢古典高雅的建筑注入一丝现代元素。作为世界第四大证券交易所的老证券交易中心，每个工作日内都进行着证券、黄金和外汇的大量交易，游客可以在交易厅回廊内一窥大厅内的繁忙景象。此外，在老证券交易中心门外则有一头牛和一只熊的雕像，分别代表股票的牛市与熊市，其中那头牛的雕像与纽约华尔街那头世界闻名的牛雕像一样被前来参观的各地游客不断抚摸，据说摸牛角可以为人们带来财运，因而两只牛角闪闪发亮。

Tips
Borsenplatz2-6 60313 Frankfurt am Main ☎069-211-115-10 ¥免费 ⏰周一至周五10:00、11:00、12:00 🚇乘U1、U2、U3、U6、U7、S1、S2、S3、S4、S5、S6、S8、S9至Hauptwache站下，沿Schiller str.向北步行即达

16 哈瑙
格林兄弟的出生地 ★★★★ 赏

Tips
🏠 法兰克福以东20公里

距离法兰克福20公里的哈瑙是一座拥有850年历史的古城，作为格林兄弟的故乡，在哈瑙市中心的广场上竖有一座格林兄弟的纪念雕像，商店林立的步行街购物区也有许多《格林童话》中的主角和场景塑像，令游人可以在游览之余重温幼年时读过的童话故事中的熟悉场景。此外，在中世纪时，哈瑙曾是一座以金银手工艺品而闻名的城市，现今全欧洲最大的德国金饰工艺博物馆就屹立于此，甚至有传说《格林童话》中《星星的银币》的故事就发生在这里。在德国金饰工艺博物馆内收藏的大量金饰品中不乏知名工艺师的杰作，做工精细的金饰工艺品令来这里观光的游人大为赞叹。

17 老萨克森豪森

法兰克福的往昔风情

★★★★★ 赏

Tips

🏛 法兰克福市老萨克森豪森　🚇 乘S3、S4、S5、S6至Lokalbahnhof站下即达，或乘U1、U2、U3至Schweizer Platz站下可达

位于法兰克福美因河对岸的老萨克森豪森是一处至今仍旧保留着法兰克福往昔风情的老街区，而在老萨克森豪森最常见的就是这里沿街林立的超过120家的酒吧。游人在充满历史风情的老街区游览观光之余，可以在这里的酒吧小憩片刻，点上一杯从白底蓝花陶壶中倒入表面刻有花纹的玻璃杯中、就着醋渍洋葱和奶酪做下酒菜的苹果酒——这是在当地小酒馆中最具代表性的特色饮料。

此外，每个周末的午后，在老萨克森豪森都会看到伴随着叮叮当当的声音驶来的苹果酒专车，由怀旧的城铁车改装而成的苹果酒专车五颜六色的车身颇为醒目，车上放着传统节庆歌曲，乘客还可获得一瓶当地特色的苹果酒和咸饼干，沿途经过法兰克福的众多名胜，是游人在法兰克福观光的绝佳选择。

德国攻略　法兰克福

18 海德堡 100分!

欧洲最大的城堡之一

位于内卡河南岸的海德堡依河而建，海德堡老城中的街道、小巷和主要建筑都保留着古朴的风韵，其中长1600米的主街豪普特街与内卡河平行，街道两侧餐馆、酒吧、礼品店林立，西端终点为俾斯麦广场，东端终点为集市广场。集市广场是海德堡老城的中心广场，正中是希腊神话中大力神海格力斯的雕像喷泉，毗邻着建于1389年的圣灵大教堂。骑士之家建于1592年，是城中历史最悠久的古建筑之一，现今改建成饭店，外墙上刻绘着骑士的胸像。建于1869年的老桥拥有九个拱门，桥头有两座圆塔，桥上有选帝侯卡尔·特奥多以及希腊神话中女神雅典娜的雕像。

海德堡最吸引游人的是屹立在山崖上、红褐色外墙的海德堡古城。这座始建于13世纪的城堡在历史上经过数次扩建，形成现今哥特式、巴洛克式及文艺复兴三种风格的混合体，城堡内拥有高大的围墙、塔楼、宫殿和英国式的花园，曾经是欧洲最大的城堡之一。现今的海德堡古城虽然大部分已经成为废墟，但游人在观光之余，还可去城堡内的德意志药店博物馆游览一番——博物馆内展示了大量16—18世纪的药草和制药工具，或是在城堡的平台上俯瞰整个海德堡老城的风貌，其独特的魅力吸引了众多游人。

Tips

Marktplatz（海德堡市政游客服务中心） **062-211-94-33**（海德堡中央车站游客服务中心） 从法兰克福搭乘火车至海德堡约1小时，换乘12、41、42路公交车至海德堡大学广场站下即达城内；乘34路公交车至Alte Brucke Nord站下即达海德堡老桥前。此外，法兰克福机场也有汉莎航空公司的巴士到海德堡市中心的Crowne Plaza Hotel，行车时间约1小时

19 海德堡大学

浪漫的学术之城 ★★★★★ 赏

位于海德堡老城区的海德堡大学创立于1386年，最初只有神学院、法学院、哲学院和医学院四个学院，是德国最古老的大学，也是德意志神圣罗马帝国继在布拉格和维也纳之后开设的第三所大学，迄今已有600余年历史。在16世纪初，海德堡大学成为欧洲科学文化的中心，造就了费尔巴哈、黑格尔等一大批世界知名的哲学家，被誉为世界哲学家的摇篮，而海德堡这座古城也成为欧洲文化重镇之一。位于旧大学西侧和南侧的大学广场呈T字形，马丁·路德与奥古斯丁修士就是在这座广场上展开激烈论战的。

在旧海德堡大学内有一座学生监狱，旧时违反学校校规的学生都会被关在这间禁闭室内，四壁和房顶上全是被囚禁的学生用蜡烛灰涂抹的画、留言，成为当时学生们聚会玩乐的乐园，游人现今依旧可以看到墙壁上的各种涂鸦。如今的海德堡大学是一所拥有3万名学生，以天文学、国际法及原子物理学闻名的知名学府，同时也不失其浪漫的学术气息。

> **Tips**
>
> 🏠 Grabengasse 1, D-69117 Heidelberg
> ☎ 062-215-40　¥ 学生监狱2.5欧元　⏰ 学生监狱4月至9月周二至周日10:00—18:00，10月至次年3月周二至周日10:00—16:00　🚌 从法兰克福搭乘火车至海德堡约1小时，换乘12、41、42路公交车至海德堡大学广场站下即达

德国攻略　法兰克福

德国
攻略HOW

Part.4 汉堡

　　汉堡是德国第二大城市，同时也是德国最重要的海港和最大的外贸中心，是仅次于法兰克福的德国第二大金融中心。被誉为世界著名水上城市之一的汉堡拥有各式桥梁2300余座，是欧洲拥有桥梁最多的城市，而毗邻北海的汉堡同时也是德国重要的水上枢纽，每天都有来自世界各地的远洋货轮在汉堡港停泊，因而汉堡又被称为"德国通往世界的大门"。

汉堡 特别看点！

第1名！
仓库城！

100分！

★ 体现工业文明魅力的景点，世界最大的仓储式综合市场！

第2名！
汉堡鱼市场！

90分！

★ 在汉堡购物的好地方，人潮涌动的市场！

第3名！
阿尔斯特湖！

75分！

★ 碧波荡漾的水景公园，风景优美的湖泊！

---

01 汉堡市政厅
●●● 巴洛克式风格建筑　　　★★★★★ 赏

Tips

🏛 汉堡市政厅广场　☎ 040-703-833-99　¥ 1.5欧元　🕙 10:00—15:00　 乘地铁U3至Rathaus站下，或乘31、34、35、36、37、102路公交车至汉堡市政厅广场站下可达

始建于1886年的汉堡市政厅历时11年竣工，用砂岩砌成的市政厅外墙上装饰了大量富有纪念意义和象征意义的艺术品，铜绿色屋顶的建筑古朴典雅，是汉堡市最醒目的建筑物之一。汉堡市政厅规模宏大，共有647个房间，中央尖塔高112米，钟塔上安装着象征德意志统一的镀金帝国之鹰。底层大厅的16根粗壮石柱分为两排，每个柱子上都有人像浮雕，其中有人们熟知的戏剧家莱辛、音乐家勃拉姆斯和物理学家赫兹。此外，大楼内的市长厅保存着汉萨同盟的"金册"，铜牌上镌刻着1264—1912年汉堡历届市长的名字，二楼各窗之间还立有20位德意志著名帝王的塑像。

02 阿尔斯特湖
● ● ● 镶嵌在汉堡市区中的明珠 ★★★★★ 赏

  阿尔斯特湖分为内湖和外湖两部分,两湖之间的大桥是欣赏汉堡全景的绝佳地方。毗邻汉堡市政厅广场的阿尔斯特湖内湖风景如画,湖畔立有精美的雕像,不时可以看到优雅的天鹅穿梭在粼粼波光之间;阿尔斯特外湖则是水上运动的胜地,不论帆船还是划船运动员都会在湖泊上一试身手。汉堡人喜欢在阿尔斯特湖畔散步,湖畔的阿尔斯特公园则是游客休憩的胜地,经常可以在咖啡馆中看到边喝咖啡边欣赏湖畔美景的游客身影。

> **Tips**
> 🏛 汉堡市政厅广场东侧　💰 免费　🕐 全天　🚇 乘地铁U3,或乘31、34、35、36、37、102路公交车至汉堡市政厅广场站下可达

德国攻略 | 汉堡

03 圣米夏埃利斯教堂
华美的巴洛克式教堂

圣米夏埃利斯教堂是汉堡的著名景点，它以雍容典雅的身姿吸引着来自世界各地的游客，同时也是拍照留念的好地方。这座历史悠久的教堂拥有各种华丽的装饰，无论是那繁复的花纹，还是精美的雕像，它们都是这里不可缺少的一部分。圣米夏埃利斯教堂的彩绘玻璃窗色彩绚烂，十分值得驻足观看。

Tips
Englische Planke 1a 20459 Hamburg 乘地铁U3在Rodingsmarkt站下 ¥ 2.5欧元

04 汉堡港
德国最大的海港

Tips
¥ 免费 全天 乘城铁S1、S3，或乘地铁U3至Landungsbruecken下可达

位于易北河下游的汉堡港是德国最大的海港，同时也是目前世界上最大的集装箱港口之一，共设有18个集装箱码头和22台集装箱起重机，相距很远就可以看到繁忙的港口装卸景象。在汉堡港周围的自由港区内则是斯堪的纳维亚和中欧地区各国货物的中转站。游人沿着易北河漫步就可看到沿途36个绘有彩色图片和解说词的牌子，介绍汉堡港的兴衰历史，而在每年5月的汉堡港口节上更是可以欣赏到芭蕾舞表演、大型帆船检阅和烟火表演，吸引了众多游人的目光。

05 Rickmer Rickmers

三桅帆船改建的博物馆

在汉堡码头栈桥旁停泊的Rickmer Rickmers是一艘巨大而优雅的三桅帆船，这艘帆船曾经在香港和欧洲之间进行远洋贸易，还经历了租借、在葡萄牙和英国船主之间不断易主，并被作为运送硝石的货轮和军用运输船、海军教练船等，在1958年帆船大赛时还获得了冠军。现今Rickmer Rickmers内部除了展示当年帆船船员生活工作过的各个船舱外，还在底部船舱开设有一家颇有名气的美味餐厅。

Tips
Beiden St. Pauli Landungsbrucken 1, 0,259 Hamburg　乘U3、S1、S2、S3在Landungsbrucken站下　040-3195959　3欧元

06 俾斯麦纪念雕像
● ● ● 铁血首相俾斯麦   ★★★★ 赏

Tips
🚇 乘地铁U3在Landungsbrucken站下车

在汉堡码头栈桥北端有一尊巨大的俾斯麦雕像，这位德国历史上赫赫有名的铁血首相是威廉一世时期的首相，纵横欧洲政坛29年之久，是帮助德皇威廉一世统一德国、打败法国，并在凡尔赛宫登基称帝的最大功臣。为了纪念俾斯麦的功绩，后人在他曾经居住的汉堡竖立了这尊全世界最大的俾斯麦雕像。

07 爱国者协会大楼
● ● ● 回顾汉堡发展历史   ★★★★ 赏

位于市政厅广场南端的尤汉尼斯街上有一幢历史悠久的红砖大楼，作为汉堡历史最为悠久的建筑物之一，这幢名为爱国者协会的宏伟大楼曾经是汉堡众多行政机关与银行和保险公司等金融机构的所在地，是汉堡曾经的政治经济中心。

Tips
🏠 Johannis Str.

毗邻爱国者协会大楼的陀斯特桥上立有描述了格拉芬·阿道夫公爵在1189年从弗瑞德里希·巴巴罗萨大帝手中拿到自由贸易特许状的纪念塑像，作为汉堡贸易发展的起点在历史上具有重大纪念意义。

08 圣尼古拉纪念馆
● ● ● 19世纪的世界最高建筑   ★★★★ 赏

始建于12世纪的圣尼古拉教堂在中世纪时曾是汉堡四座主要教堂之一，1842年教堂在大火中烧毁，后于1874年重建，其哥特式的塔尖高达147米，曾是19世纪70年代的世界最高建筑，现今则是仅次于乌尔姆大教堂与科隆大教堂的德国第三高的教堂。

第二次世界大战期间，汉堡作为德国北部重要城市在盟军的空袭轰炸下几乎化为一片废墟，圣尼古拉教堂主体建筑也被炸成一片残垣断壁，只剩下塔楼孤独矗立。"二战"结束后德国政府并未对其进行重建，而是将其以废墟形式作为纪念馆保留下来。无论在汉堡市内的任何地方，只要抬头就可远远望见这座残破的塔楼，它警示着后人战争的残酷和对人们的伤害。2005年，汉堡市政府在圣尼古拉教堂塔楼内加装了电梯，游人可以登上75.3米高的观光平台一览汉堡市内的风貌。

Tips
🏠 Willy-Brandt-Str.60,20457 Hamburg
🚇 乘U3至Rodingsmarkt站下，沿Willy-Brandt-Str.向东步行即达

09 布策里乌斯艺术馆
欣赏众多艺术大师的杰作 ★★★★ 赏

Tips
🏠 汉堡市政厅广场　🚇 乘地铁U3在汉堡市政厅广场站下　☎ 040-3609960　💰 8欧元

由布策里乌斯俱乐部主导的布策里乌斯艺术馆是一所专题性美术馆，每年这里都会通过公开座谈会的方式选取四个主题举办展览，不论古典主义、现代艺术、欧洲文化与世界文化的主题展览都荟萃了众多大师级的杰作，是艺术爱好者们不可错过的一处展馆。

10 汉堡美术馆
德国最大的艺术展览馆之一 ★★★★★ 赏

Tips
🏠 Glockengieserwall, 20095 Hamburg　🚇 从汉堡火车总站出站　💰 8.5欧元

汉堡美术馆有新老两个展馆，分为三个区域，分别展出不同时代的艺术大师们的作品。经典大师展区内的展品都是从中世纪到18世纪的诸多著名艺术家的作品，这些艺术家包括伦勃朗、鲁本斯、乔瓦尼·安东尼奥·康纳尔等。德国浪漫派画家菲利普·奥托·朗格、法国印象派画家莫奈等大师的杰作可以在19世纪展区看到。现代艺术展区更是佳作云集，那儿不仅有20世纪流行的各种现代艺术作品，更有目前风靡的后现代主义的作品。

11 胡尔柏之屋
昔日的艺术品交易市场 ★★★★ 赏

Tips
🏠 Monckeberg Straβe

位于汉堡市内明克贝尔格街上的胡尔柏之屋外观充满古典优雅的韵味，在周围沿街林立的商店与购物广场之间颇为醒目。建于1911年的胡尔柏之屋过去曾经是汉堡市内的艺术品交易市场，现今在胡尔柏之屋的屋顶上依旧可以看到一个金光闪闪的帆船形标志，这是旧时汉萨同盟的"kogge"标志，在阳光下熠熠生辉，代表了汉堡光荣辉煌的贸易历史。

12 圣保利区

●●● 汉堡的夜生活娱乐区　　　　　★★★ 娱

Tips

汉堡港区北端　乘U3至St.Pouli站下，步行即达

位于汉堡港区北侧的圣保利区是汉堡著名的夜生活娱乐区。早在大航海时代，作为欧洲著名海港城市的汉堡每日都有来自各国的船舶停靠在港口内，而那些经过远洋航行的水手也会在城市内寻找各式声色场所，久而久之，圣保利区就成为这些水手经常光顾的"红灯区"。圣保利区内的圣保利街、绳索路、格罗泽弗赖海特街和赫伯街被汉堡人戏称为"罪大恶极街"。沿街汇集了大量的餐厅和酒吧、舞厅、俱乐部，丰富多彩的夜生活也吸引了大量年轻人聚集在圣保利区，年轻人热衷的朋克文化与hip-hop也成为圣保利区的主旋律。

13 汉堡鱼市场

●●● 德国规模最大的周日市场　　　　　★★★★ 逛

位于圣保利区南部的汉堡鱼市场是德国规模最大的周日市场，虽然名为鱼市场，但除了各种新鲜水产品外，市场内也有经营蔬菜水果、服装饰品、各色花卉和手工艺品的摊位，热闹的氛围吸引了大量游客的目光。很多初到汉堡的游客都会特意将行程安排在周日，目的就是为了可以一窥这久负盛名的鱼市场。每个周日的清早，汉堡鱼市场都是人头攒动，无数摊贩架好摊位，叫卖声此起彼伏。在鱼市场的主体建筑中，有一座大型的啤酒花园，舞台上还有摇滚乐团激情演出，台下的大量观众则伴随着激昂的音乐旋律大口喝着杯中的啤酒，宛如啤酒节一般热闹，令人不禁感慨这里具有十足的"圣保利区风格"。

Tips
Grose Elbstr.9,22767 Altona-Alstadt Hamburg　040-323-104-20　3月15日—11月14日每周日5:00—9:30,11月15日—3月14日每周日7:00—9:30　乘S1、S2、S3至Reeperbahn站下，沿Pepermolenbek向南步行即达

德国攻略 | 汉堡

14 仓库城　100分！
● ● ● 感受工业革命时代的独特魅力　★★★★★ 赏

在汉堡最引人注目的就是水陆连绵的仓库城街区，井然有序的红砖楼房和纵横交错的幽静水路，以及小巧的铁桥和哥特式的建筑一同组成了这处世界上最大的仓储式综合市场。在16世纪时，现今的仓库城一带居住着大量因宗教问题而被驱逐出境的荷兰人。19世纪80年代，俾斯麦逼迫汉堡加入了日耳曼关税同盟后，汉堡原有的仓库不够使用，于是选定在城市南端的布洛克岛建立新仓库，并于1888年由德皇威廉二世亲自主持仪式后开始启用，布洛克岛也成为一座被仓库环绕的城中之城。直到"二战"结束，这里依旧是汉堡的主要仓储基地，储存着来自世界各地的咖啡、茶、可可和烟

草，还有地毯和高档的电子产品。

现今布洛克岛上的仓库大多被用作博物馆和办公室，仓库博物馆、海关博物馆和香料博物馆可以让游人了解仓库城的发展历史。2001年4月开始，仓库城还添加了夜间照明，红砖砌成的哥特式建筑在灯光映照下宛若艺术品般美轮美奂。游人还可搭乘小艇从易北河上远远欣赏，感受工业革命时代造就的仓库城的独特魅力。

> **Tips**
> 🏠 汉堡城市南端布洛克岛　🚇 乘U3至Baumwall站下，经过Niederbaumbrücke即达仓库城；乘U1至Mesberg站下，沿Willy-Brandt-Str.向西步行至Brandstwiete，左转经过Kornhausbrücke即达仓库城东端

133

15 汉堡微缩景观世界

●●● 世界上最大的数控铁路模型　★★★★★

Tips
- 汉堡仓库城内
- 9:30—18:00
- 乘地铁U3至Baumwall站下即达

位于仓库内的汉堡微缩景观世界拥有4000平方米的展览面积，在高高的仓库内，不论铁轨、火车、塑像、建筑还是自然景观都被一一再现，总长度超过1.5万米的铁轨与众多火车模型、5000余幢各式房屋、25万棵树木和超过20万座的单人塑像一同营造出一个气势恢弘的世界，在50余万盏灯的照射下令参观者过目不忘。而超过60台计算机控制的火车模型更是在这庞大的微缩世界中奔驰，是世界上规模最大的铁路数控模型，吸引了世界各地的铁路爱好者前来参观。

16 汉堡地牢

感受惊声尖叫的恐怖气氛

Tips
📍 Kehrwieder 2,20457 Hamburg ☎ 0360-055-20 💴 20欧元 🕐 11:00—17:00 🚇 乘U3至Baumwall站下，经过Niederbaumbrücke沿Am Sandtorkai向东步行，至Auf dem Sande左转即达

毗邻汉堡微缩景观世界的汉堡地牢是一处结合历史、游乐场和鬼屋的现代化娱乐场所。还没走进大门，就可从红砖外墙上装饰的骷髅和刑具，以及从地牢传出的一连串惊声尖叫中感受到十足的恐怖与刺激感。进入汉堡地牢的电梯设计得颇为别致，被设计成绞刑台般的电梯宛如自由落体般带领游人进入阴森恐怖的"地牢"当中。游人除了可以遭遇到由工作人员装扮成的阴魂不散的鬼魅、嗜血的杀人狂、凶残的牢狱官吏和在波罗的海上横行的海盗等，了解到汉堡历史上的阴暗一面，在最终离开地牢时还要乘坐小艇从以18世纪汉堡大洪水为背景的出口逃生。充满紧张与惊险的行程令人不由大呼过瘾。

17 阿尔斯特拱廊

汉堡永久的魅力所在

位于市政厅广场和阿尔斯特湖之间的阿尔斯特拱廊于1843年由亚历克斯·德·萨特奥纽夫建造，是一个面靠阿尔斯特湖的敞开的商店通道。具有文艺复兴风格的拱廊优雅恬静，林立着众多充满独特魅力的商店和咖啡厅。在阳光明媚的午后漫步在阿尔斯特拱廊之间，或是坐在咖啡店里，能瞥见阿尔斯特湖里可爱的天鹅，还有野鸽子旁若无人地在游人中觅食。每个星期日还会有街头艺人在这里演奏旋律欢快的南欧乐曲，都市的喧哗与大自然的恬静巧妙地融合在一起，这就是汉堡永久的魅力所在。

Tips
📍 汉堡市政厅广场和阿尔斯特湖之间 🚇 乘S1、S3至Stadthausbr.站下即达

18 工艺美术博物馆
● ● ● 实用艺术典藏馆　　★★★★ 赏

Tips
- Hamburger Steintor Platz.1　¥ 7.5欧元
- 10:00—18:00　从汉堡市中央车站步行2分钟即达

位于汉堡市中央车站附近的工艺美术博物馆创立于1865年，博物馆最初由几名年轻律师和艺术评论家Justus·Brinckmann共同主持，在当时社会上重视古典艺术的那个年代，工艺美术博物馆主要收藏不被人们所重视的各种工艺作品。现今，游人在工艺美术博物馆内可以欣赏从中世纪至今欧洲各国的工艺品，不论雕像、金银饰物还是德国制造的钟表等都可以在这里寻觅到。此外，博物馆内还有全世界规模最大的新艺术收藏，包括室内设计、工业设计还有摄影作品等，是一处馆藏丰富的实用艺术典藏馆，吸引了大量对工艺作品和新艺术感兴趣的游人。

19 汉堡艺术馆
● ● ● 德国北部规模最大的美术馆　　★★★★ 赏

毗邻汉堡中央车站的汉堡艺术馆分为新旧两栋展馆，之间以地下室相连，是德国北部最大规模的美术馆。汉堡艺术馆的旧馆内设有陈列了伦勃朗、鲁本斯、卡纳列托等从中世纪到18世纪画家作品的经典大师展区，展示有德国浪漫派画家朗格、印象派画家李普曼和马奈等人作品的19世纪展区，以及展示了克里、蒙克、贝克曼等人杰作的现代艺术展区。

Tips
- Glockengieserwall, 20095 Hamburg
- 040-428-131-200　¥ 8.5欧元　10:00—18:00　从汉堡中央车站步行约2分钟即达

新馆内则收藏展示了安迪·沃霍尔、珍妮·赫尔泽、李希特、塞拉等现代艺术大师的作品。此外，展馆内还会定期举办各种不同主题的特别展览，带给参观者不同一般的感受。

20 明克贝尔格街
汉堡最繁华的商业圈 ★★★★ 逛

Tips
 Monckeberg Straße 🚇 从汉堡中央车站步行约1分钟即达

从汉堡中央车站延伸而出的明克贝尔格街是汉堡最主要的商业区，沿街两侧林立着大量商家和装饰漂亮的咖啡店。此外还有众多规模不大，但每一间都充满独特风格、经营自己原创设计品牌的小店，吸引了众多年轻游客的目光。

21 易北河旧隧道
百年历史的隧道 ★★★★ 赏

建成于1911年的易北河旧隧道全长426米，是连接汉堡市区和施泰因岛的隧道。

Tips
 汉堡市区与施泰因岛之间易北河地下 🚇 乘地铁至栈桥站下，步行即达

易北河旧隧道的入口是一座铜质圆形穹顶的建筑，行人和车辆进入后乘电梯下降大约20米，之后穿过铺有瓷砖的通道后再乘坐电梯升到地面，就可来到往来汉堡的船舶进行装卸工作的施泰因岛。游人可以在高处驻足，回首眺望，汉堡港口与城市的轮廓在阳光下散发着迷人的风采。

德国
攻略HOW

Part.5 吕贝克

　　吕贝克在数百年前曾经是汉萨同盟首屈一指的大都市,现今则是一座古老优美的城市。被特拉沃河包围的吕贝克完整地保留了古老的中世纪建筑,漫步其间,仿佛穿越时空一般。

德国攻略 | 吕贝克

吕贝克 特别看点！

第1名！
赫尔斯滕门！

100分！
★ 吕贝克独立的象征，汉萨女王的权力标志！

第2名！
圣佩特里教堂！
90分！

★ 传统的哥特式建筑，俯瞰吕贝克古城风光！

第3名！
船员公会之家！

75分！
★ 世界上最经典的历史餐厅之一！

01 赫尔斯滕门 100分！
吕贝克独立的象征 ★★★★★ 赏

赫尔斯滕门是吕贝克曾经独立的象征，是曾经的"汉萨女王"权力的标志。这是一座后哥特式的建筑物，其墙体厚达3.5米，在过去是坚不可摧的防御工事。门两侧是两座圆柱形的高塔，塔尖是圆锥体形，显得厚重而坚实，是这座大门的标志性景观。在门内外刻着两行金字"对内和谐，对外和平"，算是这座城市的座右铭。此外，在赫尔斯滕门内还设有历史博物馆，向人们介绍过去汉萨同盟都市的辉煌历史。

Tips
🏠 Holstentorplatz 🚉 吕贝克火车总站出站
☎ 0451-1224129 💴 5欧元

02 圣佩特里教堂 90分!

可一览城市风光的教堂 ★★★★ 赏

吕贝克城内的圣佩特里教堂拥有尖耸的高塔，游人登上塔顶可以欣赏吕贝克古城的美丽风光，不论赫尔斯腾门、市政厅还是圣马里恩教堂都可以一览无余。红砖红瓦的建筑在明媚的阳光下颇为醒目，充满古老的中世纪气息。圣佩特里教堂内部装饰以白色为主，置身其中，空旷的白色大厅内黑色的十字架颇为醒目，充满现代设计艺术美感的教堂大厅也常被用来举办美术展览与音乐会，甚至还曾租借给伊斯兰教教徒使用，令每一个听闻这件事的游人都不禁大吃一惊。

Tips
- Petrikirchhof
- 0451-397-730
- 免费
- 11:00—16:00
- 从赫尔斯滕门直走，至 Schmiede Str. 右转即达

德国攻略 | 吕贝克

03 吕贝克市政厅
德国最古老的市政厅　★★★★★ 赏

Tips
Breite Straße 64,23552 Lübeck　0451-1221005　¥ 3欧元

吕贝克的市政厅是德国最古老和最美的市政厅之一。这座红砖砌成的建筑兼具了哥特式和洛可可式两种建筑风格，是当时汉萨同盟都市独特气质的体现。市政厅给人印象最深的当属那一排拥有数个尖塔的雕花墙，上面还开着不少圆形的窗洞，这也是市政厅最古老的部分。正面门廊上方是一座楼梯，楼梯两侧的墙面雕刻精美，很具艺术感。虽然建筑在过去的岁月中几经战乱而毁坏，但是在精心的修复下依然能保持旧有的风格，实属不易。

04 尼德艾格杏仁巧克力专卖店
德国最知名的巧克力　★★★★ 吃

Tips
Breite Straße 89,23552 Lübeck　0451-5301126

尼德艾格（Niedenegger）是德国最著名的巧克力和咖啡品牌，自从创始人乔治·尼德艾格在这里开厂创业以来，百年间尼德艾格品牌的巧克力日益受到人们的欢迎。尼德艾格的杏仁巧克力在德国首屈一指，它用料讲究，做工独特，味道醇正，无愧于德国"糖果之王"的称号。位于吕贝克的尼德艾格专卖店除了出售各种尼德艾格品牌的巧克力和咖啡外，还有一间展示馆，里面用杏仁巧克力制成吕贝克各个名胜的模型，让人好像身处一个糖果的童话世界之中。

05 木偶博物馆
世界上规模最大的木偶博物馆　★★★★ 赏

吕贝克的木偶博物馆是世界上同类型博物馆中规模最大的一座，游人一走进木偶博物馆就可以看到数不清的木偶在各自的布景中欢迎客人。除了德国木偶外，这里还收藏了意大利、英国等欧洲各地的木偶，甚至还有来自印度、缅甸、印尼、土耳其、伊朗、阿尔及利亚等不同国家的木偶藏品。此外还有来自中国台湾的布袋戏人偶和福建的牵线木偶与中国传统的皮影戏人偶，令来自中国的游客在博物馆参观之余充满亲切感。此外，在木偶博物馆隔壁还建有一座木偶剧场，每到周六晚上都有专供成人观看的木偶戏剧，活灵活现的木偶穿着华丽的服饰在舞台上表演各种经典剧目，令人印象深刻。

Tips
Kolk 14,23552 Lübeck　0451-786-26　¥ 4欧元　10:00—18:00　从赫尔斯滕门直走，至Kolk右转即达

06 布登勃洛克之家

著名小说的原型

Tips
Mengstraße 4,23552 Lübeck ☎ 0451-1224190 ¥ 5欧元

《布登勃洛克之家》是著名小说家托马斯·曼的代表作，他也因此而获得了诺贝尔文学奖。而布登勃洛克之家的原型就是位于吕贝克的托马斯·曼的家族故居。这座建筑在吕贝克城里显得很普通，有着红砖的外墙、修长的线条，并不宽敞的门面，还有一面白色的山墙。室内的装饰和小说中所描写的别无二致，文学迷们来到这里就可以直接感受到小说中的氛围。

07 船员公会之家 75分！

世界上最经典的历史餐厅之一

自1535年营业至今的船员公会之家是吕贝克最古老，也是世界上最经典的历史餐厅之一，其前身是船长和水手举行会议的场所。现今餐厅内的布置依旧沿袭了旧时的格局，船长和水手们的坐席主次分明，天花板上垂吊着17世纪以来的船只模型，玻璃橱窗中展示着大量航海使用的器具，充满航海气息，宛如一座航海博物馆。由于以航海为主题，餐厅内的料理也以鱼类为主，从北海和波罗的海运来的新鲜海鱼经过厨师的精心烹调，再配上大杯的德国啤酒，让人尽享海上男儿的豪爽感觉。

Tips
Breite Str. 2,23552 Lübeck ☎ 0451-767-76 🕙10:00—次日凌晨1:00 🚶从赫尔斯滕门直走，至Breite Str.左转即达

德国
攻略HOW

Part.6 科隆&波恩

　　科隆是莱茵河沿岸最大的城市,古朴美丽的旧城区诠释着德国人自古以来的城市美学,高耸的科隆大教堂则被誉为全世界最接近天堂的教堂,观光之余,游人还可以在这里畅饮科隆啤酒。

　　波恩位于科隆以南约30公里,是一座拥有2000年历史的文化古城,曾经是科隆公国的首都,也是贝多芬的出生地。

科隆&波恩 特别看点！

第1名！
科隆大教堂！

100分！
★ 世界最高的大教堂，科隆的标志！

第2名！
科隆旧城区！

90分！
★ 德国人自古以来的城市美学，古朴美丽的城区！

第3名！
莱茵河！

75分！
★ 风光明媚的西欧第一大河，沿岸欣赏中世纪风情！

01 香水博物馆
世界上最古老的香水品牌 ★★★★ 赏

通常被认为是男性香水的古龙香水就诞生于科隆，1709年意大利人John Maria Farina在科隆配制了名为"科隆之水"的香水。现今"科隆之水"这个全世界最古老的香水品牌专卖店依旧位于科隆市区，同时专卖店内还辟有香水博物馆，游人在这里可以通过各种展品了解从18世纪至今的香水历史，之后还可在专卖店购买用复古香水瓶装的古龙香水。

Tips
Obenmarspforten 21,50667 Köln 科隆火车总站出站步行5分钟即可到达 0221-3998994 5欧元

02 宾拉特宫殿
古典雅致的洛可可式建筑 ★★★★ 赏

位于杜塞尔多夫南部的宾拉特宫殿外观典雅，内部装饰充满华丽氛围，是一幢在德国建筑史与艺术史上占有重要地位的洛可可式建筑。在宾拉特宫殿内，几乎每一件物品、每一根梁柱、每一面墙壁和每一块地板都流露出奢华气息，现今是北莱茵-威斯特法伦州政府接待重要外宾和举办特殊文化活动的场所。

Tips
Benrather Schlossallee 100-106,40597 Dusseldorf 杜塞尔多夫火车总站乘Tram 701在宾拉特宫殿站下 0211-8997140 10.5欧元

03 科隆大教堂 (100分!)

世界最高的教堂之一 ★★★★★ 赏

位于科隆市中心的科隆大教堂毗邻莱茵河畔，是德国最大的教堂，同时也是世界最高的教堂之一。由16万吨石头堆砌而成的科隆大教堂和其157米高的两个尖顶已经成为科隆市的标志，也是知名度最高的德国建筑之一。始建于1248年的科隆大教堂又名圣彼得大教堂，内有10个礼拜堂，中央大礼堂穹顶高达43.35米，大教堂四壁上方共1万多平方米的窗户上全部绘有圣经人物，在阳光反射下充满瑰丽奇幻的色彩。在科隆大教堂的钟楼上可以一览科隆市区的风景，夜晚时也可在莱茵河对岸欣赏水中光影交织的教堂倒影。

> **Tips**
> 🏠 Domkloster 3 ☎ 0221-1794-0100 ¥ 免费 🕐 6:00—19:30 🚌 乘坐公共交通Dom至Hbf站下即达

德国攻略 | 科隆&波恩

04 路德维希博物馆
欧洲的后现代艺术圣地

★★★★★ 赏

科隆市内的路德维希博物馆是欧洲知名的后现代艺术圣地，博物馆内收藏了达利、里希特施泰因、沃霍尔等20世纪知名艺术家的后现代艺术作品，其中包括700余幅毕加索的作品，吸引了众多后现代艺术爱好者来到这里朝圣。此外，路德维希博物馆内的摄影博物馆是世界上最大的历史图片和照相机博物馆，里面还收藏了大量一个世纪以前的摄影作品，是摄影爱好者来到科隆后不可错过的绝佳去处。

Tips
- Bischofsgartenstraße 1
- 0221-2212-6165
- 9欧元
- 10:00—18:00
- 乘公共交通Dom至Hauptbahnhof站下即达

05 罗马-日耳曼博物馆
展示古罗马时代的生活与历史

★★★★ 赏

罗马-日耳曼博物馆建于一块3世纪的酒神狄奥尼索斯的马赛克镶嵌地板画上，在博物馆内通过大量文物向游人展示了古罗马时期的历史和当时人们的日常生活方式，其中最著名的展品是古罗马军人波普里修斯的墓碑，是了解古罗马与日耳曼文化交融的绝佳去处。

Tips
- Roncalliplatz 4,50667 Köln
- 科隆火车总站出站即可到达
- 0221-22124438
- 5欧元

06 巧克力博物馆
香气浓郁的博物馆

从科隆大教堂乘坐叮当作响的有轨电车可一路来到巧克力博物馆，在购买入场券时每个人都会得到一块巧克力，而当踏进博物馆大门时，扑鼻而来的浓郁香气更是令喜爱巧克力的人兴奋不已。巧克力博物馆的规模并不大，游人在馆内不仅可以品尝巧克力美食，还能观看巧克力制作的全过程，或是在博物馆内设的自助餐厅里一边品尝美食，一边欣赏窗外莱茵河的景色，充满浪漫情调。

Tips
Rheinauhafen 1a,50678 Köln　0221-931-8880　7.5欧元　周二至周五10:00—18:00，周末11:00—19:00　从科隆大教堂乘有轨电车即达

07 沃利夫·理查德兹美术馆
德国收藏古代绘画艺术品最丰富的展馆之一

Tips
Obenmarspforten,50667 Köln　科隆火车总站出站步行5分钟即可到达　0221-22121119　6.9欧元

沃利夫·理查德兹美术馆内收藏了大量中世纪的科隆绘画和15世纪的珍贵艺术品，其中不乏古代科隆版画，和鲁本斯、伦勃朗等北方文艺复兴时期艺术大师的作品，此外馆内还展示有莫奈、塞尚等印象派画家的作品，是德国除了慕尼黑古代绘画陈列馆外藏品最丰富的展馆。

08 科隆旧城区

德国人自古以来的城市美学

★★★★★ 逛

90分!

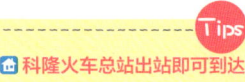
科隆火车总站出站即可到达

科隆旧城区的建筑古朴美丽，靠近莱茵河的建筑更是典雅庄重，令来自世界各地的游客不禁惊叹德国人自古以来的城市美学。在科隆旧城区除了古色古香的古老建筑外，还有繁华的购物街和科隆最为知名的小酒馆。在街边的小酒馆不仅可以品尝科隆产的金黄色啤酒，有些餐馆还会自己酿造啤酒，是来科隆不可错过的城市体验。

09 莱茵能源球场

德甲科隆队的主场

★★★★ 娱

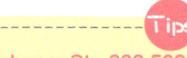
Aachener Str. 999,50933 Köln 乘地铁U1在Rheinenergie Stadion站下 0180-5325656

作为德甲球队科隆队的主场，莱茵能源球场在2006年世界杯上被选为比赛场地之一，这座可容纳46000名观众的现代化球场每到德甲比赛日的时候都是气氛热烈，游人可在这里亲身体验激情洋溢的德甲比赛，相信一定可以将平日对德国人刻板、冷漠的印象一扫而空。

10 杜塞尔多夫
时尚的工业城市 ★★★★ 逛

Tips
- 科隆北部　☎ 0211-17-20-20（旅游服务中心）
- 从法兰克福乘飞机约45分钟即达杜塞尔多夫机场，在机场乘S7E约15分钟即达杜塞尔多夫市中心；或从法兰克福搭乘IC、EC或ICE火车可达杜塞尔多夫，行程1.5小时~3小时

位于莱茵河工业区中心的杜塞尔多夫旧时曾因毗邻科隆、依赖莱茵河的河运便利而发展，现今已经是德国重要的工商业与国际贸易大城，大量来自东方的知名企业也纷纷在杜塞尔多夫设立办事处，是一座集传统与现代于一身的时尚城市。

游人初次来到杜塞尔多夫，从中央车站甫一走出就会感受到浓郁的东方气息，不论是街道两侧林立的日本商社，还是大量韩国人与中国人开设的商店，以及设在这里的日本领事馆，都为初来乍到的中国游客带来一种亲切的感觉，恍如穿越时空，正置身东亚某座城市中。此外，在杜塞尔多夫老城区的国王大道汇集了大量世界知名品牌的专卖店，充满时尚魅力，是喜欢购物、追求时尚品位的人们不可错过的时髦街道。

11 杜塞尔多夫国王大道
繁华的时髦街道 ★★★★★ 逛

杜塞尔多夫国王大道被当地居民简称为Ko，沿街林立着众多世界知名品牌的专卖店，当季最火的设计名品都可以在这里寻觅到，堪称流行时尚的魅力窗口。此外，在国王大道道路两边还有整排的栗树和古老典雅的建筑，靠近莱茵河的街道更是餐馆和酒吧的聚集地，可以在逛街之余小憩片刻，品尝美味菜肴。

Tips
- Konigsallee　杜塞尔多夫火车总站乘地铁在Konigsallee站下

12 莱茵河 75分!
风光明媚的浪漫之旅 ★★★★★ 赏

发源于瑞士境内阿尔卑斯山北麓的莱茵河流经列支敦士登、奥地利、法国、德国和荷兰，最后在鹿特丹附近注入北海，全长1320公里，是西欧地区第一大河。莱茵河的名字令人对其有着无限浪漫的遐想，乘船漫游莱茵河的旅途中，沿途风光明媚的两岸，遍布众多历史悠久的古堡，周围翠绿如茵的原野山林宛如画中美景，游人仿佛穿越时空，来到遥远的中世纪，感受莱茵河两岸浓郁的中世纪风情。

Tips
- 从美因茨到科隆的沿途城镇均有莱茵河游船售票处
- 0221-208-8318
- 单程票价为2.7欧元~52.5欧元，往返票价为3.4欧元~58.5欧元

13 波恩旧市政厅
建于18世纪的洛可可风格建筑 ★★★★ 赏

波恩的建城历史最早可以追溯到罗马帝国时代在此地设置的军事堡垒，1288年科隆市民起义后科隆大主教逃往波恩，之后波恩开始迎来辉煌的发展时期。两德分裂期间，波恩曾是联邦德国的首都，但这座古老的城市却依旧保留了旧时风貌。位于波恩老城区的波恩旧市政厅建于1738年，是一幢外观典雅的洛可可风格建筑，在旧市政厅前的广场上有数家露天咖啡馆，天气晴朗时可以坐在咖啡馆一边喝着咖啡，一边欣赏广场四周的古老建筑。除了旧市政厅外，毗邻的科布伦茨门也是建于18世纪的古迹，充满恬静悠闲的独特魅力。

Tips
- Markt Pl.
- 0228-77-50-00(旅游服务中心)
- 从波恩中央车站步行约15分钟即达

153

14 波恩大教堂

中世纪建筑典范 ★★★★ 赏

毗邻波恩中央车站的波恩大教堂位于古城东南方，是这座古老城市中历史最悠久的建筑之一，相传其历史最早可追溯至罗马帝国时代。旧时的教堂现今只剩下地上残留的巨石遗迹，在对游人诉说着往昔的辉煌。游人所看到的波恩大教堂与科隆大教堂同样建于13世纪，拥有五座高耸的尖塔，正中央的八角形高塔可隐约看出哥特式尖塔的影子，半圆形的屋顶和南侧由小拱门串起的回廊是波恩大教堂的最大特色，被誉为中世纪莱茵地区从罗马式建筑过渡到哥特式建筑的典范，其雄伟壮观的风姿吸引了大量游客的瞩目。

> **Tips**
> Munster Pl. 免费 7:00—19:00 从波恩中央车站步行约10分钟即达

15 阿德瑙尔大道

博物馆林立的林荫大道 ★★★★ 赏

与莱茵河平行的阿德瑙尔大道是波恩博物馆最为集中的街区，从老城区开始，包含亚历山大国王博物馆、历史馆、波恩美术馆、联邦美术馆与展览馆四大博物馆的博物馆区拥有不同主题，收藏了大量珍贵的艺术品与历史资料。漫步在阿德瑙尔林荫大道上，逐一参观这些博物馆，感受这里浓郁的艺术文化气息，是一次不可多得的探索之旅。

> **Tips**
> Adenauerallee 依各博物馆而异 依各博物馆而异 依各博物馆而异 从波恩中央车站步行约15分钟即达

16 贝多芬之家

感受贝多芬的成长岁月

★★★★

　　毗邻波恩老城区中心市集广场的贝多芬之家位于波恩街上，贝多芬从1770年出生直到1792年搬往维也纳之前一直居住在这里。贝多芬的父亲曾是选帝侯宫廷内的男高音歌手，但因酗酒而身败名裂失去工作，生活窘迫的贝多芬一家也只能向友人租住这所住宅的一小部分，而幼年的贝多芬也靠弹奏钢琴卖艺赚钱补贴家用。现今这所住宅已经被辟为贝多芬博物馆，当年贝多芬曾经弹奏过的钢琴、十几岁时演奏过的大风琴键盘、晚年使用的喇叭形助听器以及大量贝多芬亲笔书写的乐谱手稿都在博物馆内展出，是乐迷们不可错过的朝圣地。此外，每年夏秋，波恩老城区莱茵河畔的贝多芬厅也会举办国际贝多芬音乐节。

Tips

🏠 Bonngasse 20, D-53111 Bonn ☎ 0228-9-81-75-25 ¥ 4欧元 🕙 10:00—17:00 🚌 从波恩中央车站步行约15分钟即达

德国
攻略HOW

Part.7
黑森林

　　位于巴登-符腾堡州西南部的黑森林地区是德国知名的度假休闲胜地，大片茂密的森林、温泉、湖泊构成如画般的美景，是欧洲知名的度假天堂。

黑森林 特别看点！

德国攻略

黑森林

第1名！
路德维希堡宫！

100分！

★ 德国最大的巴洛克式建筑！

第2名！
弗赖堡大学！

90分！

★ 德国最古老的大学之一，宁静祥和的校园风光！

第3名！
特里堡瀑布！

75分！

★ 德国落差最大的瀑布，水流澎湃的瀑布！

01 斯图加特剧院
斯图加特市中心的文艺胜地 ★★★★ 赏

位于斯图加特新王宫旁的斯图加特剧院由歌剧院与表演剧院两栋建筑组成，其中歌剧院的前身由李特曼于1909年至1912年间设计建造。以砂岩为主的建筑在夜晚灯光的照耀下充满优雅的美感，在湖面上的倒影更是如同画中美景一般引人入胜。1983年闭馆整修过的歌剧院现今以歌剧和斯图加特芭蕾舞团的表演为主，毗邻的表演剧院建筑外观充满现代时尚的元素，周围大片绿地和湖水环绕，与附近的王宫和王宫广场连成一体，充满独特魅力，是斯图加特市中心最具文化气息的文艺胜地。

> **Tips**
> 📍 Oberer Schloßgarten 6,70173 Stuttgart ☎ 071-120-20-90 🚇 从斯图加特中央车站步行约10分钟即达，或乘U5、U6、U8至王宫广场站下可达

02 斯图加特国王大道
欧洲著名的购物大街 ★★★★ 赏

> **Tips**
> 📍 Konigstraβe,70173 Stuttgart 🚇 从斯图加特中央车站出站即达

位于斯图加特市中心的国王大道长达1100米，是欧洲最著名的购物大街之一，道路两侧林立的精品店吸引了众多游人在这里漫步。国王大道的尽头是由威廉一世下令修建、于1860年完工的国王大厦。现今这座由26根石柱撑起135米长廊的古典主义建筑集购物、咖啡馆于一体，与两旁街道上的商店一同组成了一处颇为雅致的购物区。

03 斯图加特奔驰博物馆

记录汽车的发展历史　　　★★★★ 赏

Tips
- Mercedesstraβe 100,70372 Stuttgart
- 071-117-300-00　￥4欧元　⏰ 10:00—20:00　🚇 乘S1至Gottlieb-Daimler-Stadion站下即达

位于斯图加特的奔驰博物馆于2006年5月20日正式对公众开放，全部由汽车制造材料铝合金与玻璃建成的奔驰博物馆共有9层楼，馆内没有一面直立墙壁或是密闭空间。在1.65万平方米的展示空间内展出了160部不同年代生产的汽车，其中既有全世界第一部汽车，也有如F1赛车这样代表当今汽车工业最高成就的汽车供游人观看，漫步其间仿佛重新经历了100余年的汽车发展史一般。

> Tips
> 🏠 Porscheplatz 1, 70435 Stuttgart-Zuffenhausen ☎ 071-191-120-911 ¥ 8欧元
> ⏰ 9:00—18:00 🚇 乘S6至Neuwirtshaus站下，步行即达

04 保时捷汽车博物馆
● ● ● 经典跑车的魅力　　　★★★★

位于斯图加特保时捷广场的保时捷汽车博物馆建于1975年，展出了20余部保时捷的经典车型，是跑车迷大呼过瘾的一处博物馆。保时捷的创始人费迪南德·保时捷最初曾是奔驰公司的设计师，之后又为大众汽车设计了经典的甲壳虫汽车，第二次世界大战时德军的虎式坦克也是出自保时捷父子之手。2007年开幕的保时捷新展览馆占地超过5000平方米，其圆弧造型充满现代美感，从1948年第一款保时捷跑车至今的超过50部保时捷经典跑车都可以在这里寻觅到。此外，游人还可以通过各种图片和影像资料回顾保时捷车厂的发展历史，或是在附设的纪念品商店内购买各种带有保时捷标志的纪念品，是跑车迷的绝佳去处。

05 脚镣塔餐厅
当地人喜爱的美味餐厅 ★★★★

Tips
📍 Weberstr. 72, 70182 Stuttgart ☎ 071-12-36-48-88 🕐 17:00—24:00 🚇 乘U2、U9至Rathaus站下，步行约5分钟即达

脚镣塔餐厅的前身是建于1564年的酒窖，在1811年改为监狱后由于监狱中的犯人都戴着脚镣，因而这幢建筑也被称为脚镣塔。经过长期荒废后，1980年建筑内部经过重新装修改为餐厅开业，餐厅内提供的巴登-符腾堡州料理和当地特产的葡萄酒味美价廉，所有食品都是选用当地传统市场采购的新鲜食材加工而成，美味可口的菜肴很快被当地百姓所接受，成为斯图加特当地颇为知名的一家餐厅。食客在脚镣塔餐厅内可以选择沿着旋转的石梯来到塔楼内用餐，或是在树荫浓密的露天庭院内畅饮啤酒，充满独特风情。

06 巴登-巴登休闲宫
欧洲最古老的博彩场 ★★★★

Tips
📍 Kaiserallee 1, 76530 Baden-Baden
🚌 巴登-巴登火车站乘201、205、216号公共汽车在Leopolds-Platz站下 ☎ 07221-30240
💶 3欧元

如果到了巴登-巴登问赌场在哪里，一般人都不会直接告诉你。但如果问休闲宫的所在，则很容易就能找到这座巴洛克式的宫殿建筑了。这座休闲宫建于1824年，100多年来从没停止过营业，即使是"二战"时期这里也一直开门营业，是德国最大、最古老的赌场。进入这里必须穿着正装，在导游的带领下参观这里的各个地方。休闲宫内的华丽装饰令人咋舌，到处都是油画彩绘。据说俄国大文豪陀思妥耶夫斯基就在这里输了个精光，然后将自己在这里的所见所闻都写进了名著《赌徒》之中。

07 卡拉卡拉温泉
古罗马时代的重要社交场所 ★★★★

Tips
📍 Romerplatz 1, 76530 Baden-Baden 🚌 巴登-巴登火车站乘201、205、216号公共汽车在Leopolds-Platz站下 ☎ 07221-275940 💶 13欧元

巴登-巴登的历史可以追溯到公元2世纪，从那时开始这里就是著名的浴场城市，有各种温泉浴场20多个，而其中最大的当属卡拉卡拉温泉。这座浴场建于公元217年，是当时世界上最大的集体浴场，如今这里早已成了一片残垣断壁，仅仅能从墙上贴的马赛克上一窥当时的盛况。虽然被称作浴场，但是这里包含了散步场、体育室、礼拜堂、图书馆等多个设施，堪称当时最大的社交场所。如今在一侧建起了现代化的浴场，让现代人也体验一下2000多年前的最高享受。

08 腓特烈温泉
独特的罗马-爱尔兰浴 ★★★★

Tips
📍 Romerplatz 1, 76530 Baden-Baden 🚌 巴登-巴登火车站乘201、205、216号公共汽车在Leopolds-Platz站下 ☎ 07221-275920 💶 21欧元

腓特烈温泉建于2000多年前的罗马古浴池的废墟之上，面积达到1000多平方米。整座浴池仿造过去罗马浴室的风格，使用白色大理石建成，拥有很多露天温泉和桑拿浴房。其中最值得一提的当属"罗马-爱尔兰浴"，据说这是从古罗马时期传承下来的，整个洗浴过程长达两个小时，一共要经过如洁身、热身、盆浴、池浴、热冷水浴，以及蒸汽浴、天然泥泉浴、碳酸浴和按摩等十几道程序，有机会一定要尝试一下。

09 路德维希堡宫 赏

施瓦本的凡尔赛 ★★★★★

路德维希堡宫是斯图加特附近路德维希堡市最著名的建筑，这是德国最大的巴洛克式建筑。这座宫殿仿照法国的凡尔赛宫而建，也被称作"施瓦本的凡尔赛"。整个王宫可以分成18座楼和452个房间，每个房间里的装饰都极尽奢华，巴洛克式的富丽堂皇随处可见，各种造型华丽的家具、饰物等一直都吸引着游客们的眼球。此外，在宫外还有一片广阔的花园，一眼望去满是绿色，还有小火车穿行其间，十分有趣。

> **Tips**
> 🏠 Schloß straße 30, 71634 Ludwigsburg 🚆 斯图加特火车总站乘轻轨S4、S5在Ludwigsburg站下 ☎ 0714-1182004 ¥ 6欧元

德国攻略 黑森林

10 特里堡瀑布 75分!
德国落差最大的瀑布

德国攻略 黑森林

特里堡瀑布是德国落差最大的瀑布，虽然其163米的高度差没法与尼亚加拉大瀑布等世界知名的瀑布相提并论，但是还是具有自己独特的魅力。从入口处可以通过三条道路进入山区，沿路可以看到松鼠等可爱的小动物与各种鸟儿。到了瀑布前，就能看到一条白练一般的水流顺着山势奔流而下，被切割成好几段，流水的哗哗声和鸟儿的鸣叫声混杂在一起，让人感到心旷神怡。

Tips
- 黑森林中心毗邻特里堡游客中心
- 9:00—一天黑
- 从特里堡游客中心沿Wallfahrtstraβe向南步行即达
- ¥ 3欧元

11 德国时钟博物馆

世界最大的公立钟表博物馆 ★★★★ 赏

自17世纪开始，黑森林就是著名的制作时钟的中心。在这里有着全世界最大的公立钟表博物馆——德国时钟博物馆。这座博物馆是黑森林地区著名的旅游项目"时间之路"的重要一站，在博物馆里特别收藏了这里钟表交易繁盛时期的照片，同时还能看到数百座各式各样的咕咕钟。这些咕咕钟样式各异，材质不同，每到整点的时候这里面的钟都会鸣响，把整个博物馆搞得很是热闹。

Tips
- Robert-Gerwig-Platz,78120 Furtwangen
- 特里堡市区乘7270号公共汽车在博物馆站下
- 07723-9202800　4欧元

德国攻略　黑森林

12 黑森林博物馆

展示黑森林地区普通人的生活

★★★★★ 赏

Tips

🏠 Walfahrtstraβe 4,78098 Triberg ☎ 077-224434 ¥ 4.5欧元

黑森林博物馆位于特里堡,这是一座露天博物馆,在大片绿色的草地上分布着很多间当地传统的房屋,博物馆的藏品就陈列在这些传统建筑中。这里很好地还原了数百年前黑森林地区居民们的日常生活,而藏品则是以当地出产的精美工艺品为主,可以从中看出当时人们的心灵手巧。除此之外,这里还会出售黑森林地区的两大特产:咕咕钟和黑森林蛋糕,是很好的纪念品。

13 特里堡大咕咕钟屋
巨大的木质咕咕钟 ★★★★

　　特里堡是位于黑森林的一座小镇，这里盛产举世闻名的咕咕钟，在小镇里到处都能看到销售这种钟的商店和制作工坊。而这里最著名的还是要数咕咕钟屋，这座黑森林传统小木屋式样的建筑，本身其实是一座特大的咕咕钟。每到这座钟报时的时候，最上方的小木门会打开，一只布谷鸟会从里面钻出，在动听的音乐伴奏中用"咕咕"的声音报时，其下的各个"居民"人偶也会劳动起来。等报时完毕，一切又都会回归寂静。这座咕咕钟屋是当地人的骄傲，也是每个外来游客必看的景点。

Tips
🏠 Untertalstraβe 28,78136 Schonach　🚌 特里堡市区乘7270号公共汽车在大咕咕钟屋下　☎ 077-224689　¥ 1.2欧元

14 温泉厅
巴登-巴登重要的旅游服务中心 ★★★★

　　巴登-巴登是德国最著名的温泉乡，"巴登"在德语中的意思就是温泉。这里的温泉厅现在是巴登-巴登小镇的旅游服务中心，这座建筑本身也是历史悠久，古罗马风格的外观很契合这里古罗马时代浴场的氛围。想当年这里也是一处重要的社交场所，来自欧洲各地的人们汇集在此互相交换信息或是聊天。而且在这里还有可以饮用的温泉水，古人们就这边喝边聊，各种大事和小道消息就这样传播到了欧洲各地。

Tips
🏠 Kaiserallee 3, 76530 Baden-Baden　🚌 巴登-巴登火车站乘201、205、216号公共汽车在Leopolds-Platz站下　☎ 07221-275200

15 维斯教堂
风格活泼秀丽的教堂 ★★★★

Tips
🏠 Walfahrtstraβe

　　维斯教堂坐落于德国拜恩州（巴伐利亚州）南部的一座叫做维斯的小镇上，小镇坐落于阿尔卑斯山谷之中，宁静而自然。这座教堂也颇具这里的宁静氛围，是一座白色的洛可可风格的美丽建筑，由当时著名的建筑师齐默曼设计。在教堂里有一条长29米、宽25米的椭圆形中殿，其上则是一条长长的穹顶，穹顶上描绘着美妙的壁画，一扫以往教堂给人的庄严古板印象，显得活泼而富有活力。

16 弗赖堡大教堂
弗赖堡最重要的建筑 ★★★★

Tips
🏠 Rotteckring 14　☎ 076-129-07-447　¥ 免费　🕘 9:30—15:00

　　始建于1120年的弗赖堡大教堂历时300年才最终竣工。教堂最初的设计为罗马式风格，随着时代变迁，最初的设计图纸不断改进，最终成为一座融合了哥特式建筑风格的教堂，游人从很远的地方就可以看到教堂高耸的尖塔。由当地居民捐款筹建的弗赖堡大教堂每个窗户上都有不同的图案，代表窗户由不同公会捐助，如剪刀即代表裁缝公会。教堂一侧的小门通往塔顶，游人可以顺着这里的265级台阶攀上塔顶，一览弗赖堡市区和远处黑森林的美丽风光。

17 弗赖堡大学

没有围墙的大学

★★★★ 赏

Tips

Fahnenbergplatz, 79085 Freiburg ☎ 076-120-30 ¥ 免费

在哲学、法学和经济学领域享有盛名的弗赖堡大学是德国一所历史悠久的知名大学，近代著名的哲学家、西方的现象学之父胡塞尔与存在主义的奠基人之一海德格尔都曾经在弗赖堡大学任教。

弗赖堡大学最大的特色就是这里没有围墙，与市区建筑融为一体的学校一侧是大学校园，另一侧是大学教堂，初来乍到的游人很难分清哪里才是大学的一部分。曾在弗赖堡大学就读的绘图家马丁·瓦尔德塞米勒是世界上第一个在地图上绘制美洲新大陆的人，弗赖堡政府特意在大学校园内为其竖立了一座纪念碑。

德国攻略　黑森林

18 新旧市政厅
弗赖堡的中心建筑 ★★★★★

Tips
📍 Rathaus-Platz

在弗赖堡市中心，有两座并排而立的建筑，一座为红色，一座为白色，建筑上悬挂着白底红十字的弗赖堡市旗，这便是弗赖堡新旧市政厅。这两座市政厅的建筑风格很相似，不同的是新市政厅两侧有两座侧楼而旧市政厅却只有一座，而且新市政厅巨大的三角形山墙和后哥特式的凸窗也很值得一看。在市政厅周围是一座广场，这里也是弗赖堡人流最集中的地方，有很多精美的雕塑。

19 奥古斯丁博物馆
体验彩绘玻璃艺术的美 ★★★★

奥古斯丁博物馆是弗赖堡各个博物馆中最著名的一座，这里原本是一座巴洛克风格的修道院，18世纪末改建为博物馆。在这座博物馆里收藏了很多从中世纪时期开始的珍贵艺术品，代表了莱茵河上游区域的人们非凡的艺术成就。其中的精髓当属大量的彩绘玻璃，这里的彩绘玻璃以其精美的制作水平在德国同类作品中占有重要的地位。

Tips
📍 Gerberan 15,D-79098 Freiburg ☎ 0761-2012521 ¥ 2.5欧元

20 古代商贸会馆
弗赖堡的标志性建筑 ★★★★

古代商贸会馆位于弗赖堡老城区中心地带，是弗赖堡的标志性建筑之一。在中世纪时期小贩如果要到弗赖堡做生意，都必须先到这座商贸会馆来缴税才行。也正因为如此，这里也成了弗赖堡著名的市集区，每天从8:00起到下午都会开设市集，各路小贩会在这里销售酒、香肠、果蔬、瓷器等。尤其是到了周末，这里更是人声鼎沸，各种路边摊随处可见，食物的香味和小贩的吆喝声弥漫在整条大街上。

Tips
📍 Munsterplatz 24,79098 Freiburg ☎ 0761-3881133

21 城堡山
俯瞰弗赖堡老城区的全貌 ★★★★

城堡山位于弗赖堡的东侧，是弗赖堡的最高点。这里地理环境优越，是一个天然的瞭望好去处，游人可以通过缆车或是山道两条路爬上山顶，一路上的美丽风光让人印象深刻。来到山顶，纵目远眺，弗赖堡老城区的景色尽在眼中。无论是教堂高耸的尖塔还是各个传统小屋低矮的三角屋顶，都给人一种历史的沧桑感，好像进入了时光隧道回到中世纪一样。

Tips
📍 Schlossberg, 79098 Freiburg

22 施瓦本城门

拥有动人传说的城门

★★★★ 赏

德国攻略 ▸ 黑森林

Tips
🏠 Schwabentor

施瓦本城门是弗赖堡作为中世纪时期城市防御系统的两座城门之一，建于1250年，最早是突出于城市之外，后来在16世纪经过改建后被石质的城墙包围起来，并建起了拥有螺旋形阶梯的小塔楼。在城门内侧还有一幅描绘有一个商人和一驾马车的画，这里面有一个传说，相传一位施瓦本商人看中了美丽的弗赖堡，想要买下这座城市，于是带了两桶金子来买城，他万万没有想到，金子被他的妻子掉包成了砂石，结果这人当然是受到了人们的嘲笑。从这个传说中也能看出古代施瓦本人和弗赖堡人的对立。

169

德国
攻略HOW

Part.8
德国其他

德国其他地区 特别看点！

德国攻略 / 德国其他

第1名！ 皇帝堡！ 100分！
★ 纽伦堡的象征！

第2名！ 楚格峰！ 90分！
★ 德国最高峰，德国唯一有冰河的地方！

第3名！ 鲁尔工业区！ 75分！
★ 全世界最重要的工业区，德国工业腾飞的基地！

---

01 德国体育与奥林匹克博物馆
记载体育运动与发展的博物馆 ★★★★ 赏

1999年开始对公众开放的德国体育与奥林匹克博物馆分为两层，拥有超过2000平方米的展览空间与活动区，通过服装、运动和比赛用具、奖章、证书、运动奖项、版画、照片、录像等多种方式，生动形象地介绍了体育运动的历史和发展变化。其中最为引人注目的展览内容有风洞里的自行车比赛、用沙袋组成的拳击场，以及在科隆地势最高的运动场上举行的足球比赛等，吸引了众多体育爱好者来科隆时特意来到这里观光。

Tips

🏠 Rheinauhafen 1　￥4欧元　🕙 10:00—18:00

02 汉诺威展览中心
世界上最大的展览中心 ★★★★ 赏

Tips
🏠 Messegelände 1, 30521 Hannover　￥4欧元
🕙 10:00—20:00

由于莱比锡展览中心在"二战"后被苏联占领，1947年英国人为举办贸易展销会而选择将汉诺威南部的飞机制造厂改建为展览中心举办了第一次展览会，之后除了2000年的汉诺威世博会外，每年的CeBIT和汉诺威工博会都会在汉诺威展览中心举办。现今汉诺威展览中心共拥有总面积近50万平方米的室内场馆，以及5.8万平方米的户外场地、27个馆和一个拥有35个功能厅的会议中心，是世界上最大的展览中心。

03 汉诺威大花园

显赫的皇家园林 ★★★★

汉诺威大花园是欧洲最负盛名的巴洛克风格花园之一，由卡兰博格公爵于1638年开始修建，里面最特别的是巴洛克式Großer Garten公园和Berggarten公园。1714，当时的选帝侯汉诺威的索菲娅夫人将其改建成一座下萨克森的巴洛克风格花园，之后直到1936年汉诺威市政府将其买下后进行了改建。如今大花园已成为汉诺威人引以为傲的场所，每年夏季烟火节，一些小节日会在这里定期举办。

🏠 Herrenhäuser Straße 4, 30419 Hannover ☎ 0511-1684-7576 ¥ 4月到10月成人4欧元，儿童免费，10月至次年3月免费

04 瓦尔拉特博物馆

德国最古老的美术馆之一

Tips
🏠 Martinstraße 39　¥ 5.5欧元　🕙 10:00—18:00　🚌 乘公共交通Dom至Hauptbahnhof站下即达

位于马丁大街的瓦尔拉特博物馆是德国历史最悠久的美术馆之一，收藏了大量中世纪绘画作品，尤其是科隆画派的作品，被誉为德国古典主义大画库。瓦尔拉特博物馆内的巴洛克展厅和19世纪展馆拥有鲁本斯和伦勃朗的众多作品，此外还有一个收藏了从1300年到1550年间超过7.5万件艺术品的版画收藏馆。大量文艺复兴时期的艺术作品在这里一一展现给游人欣赏，而在浪漫主义、现实主义和印象主义的作品之外还有羊皮纸上的缩图、独一无二的徒手画等中世纪美术品，是艺术爱好者的一处圣地。

05 德意志之角
威廉一世的骑马雕像

位于科布伦茨，摩泽尔河与莱茵河交汇处的德意志之角以威廉一世的骑马雕塑而闻名，其前身为条顿骑士团在科布伦茨的驻地——德意志庄园，因而得名德意志之角，2002年作为莱茵河上游河谷一部分入选《联合国教科文组织世界遗产目录》。每年夏天，总高37米的威廉一世骑马雕塑下都会举办音乐会、露天节日、莱茵河烟花表演等各种活动，2005年起还作为莱茵河中游马拉松比赛的终点，成为市民休闲娱乐的绝佳去处。

Tips
- 摩泽尔河与莱茵河交汇处
- ¥ 免费
- 全天
- 从科布伦茨观光码头沿莱茵河岸向北步行即达

德国攻略 德国其他

06 席勒之家
古典文学的推动者

位于魏玛的席勒之家是德国古典文学大师席勒应歌德之邀于1802年至1805年辞世期间居住的地方。与歌德同为推动德国古典文学运动旗手的席勒虽然与歌德年龄相差10岁,却是一对惺惺相惜的忘年之交,在魏玛居住的三年时间里,席勒创作了大量精彩的文学作品。而这处席勒度过了人生最后三年的建筑现今已经被辟为博物馆,游人可以入内参观,通过各种资料与席勒的手稿等珍贵文物,深入了解席勒的生平言行。

Tips
Schillerstr.12　03643-54-53-50　¥3.5欧元　从魏玛中央车站步行约10分钟即达

07 歌德之家
一代文豪的居所

与席勒之家相隔不远的歌德之家是歌德在魏玛生活了近60年的居所。1775年，歌德以《少年维特之烦恼》一书成名，之后来到当时的魏玛公国，先后当过皇室家庭教师、矿业会长、教育部部长、剧院监督等角色和职位，不仅参与了魏玛公国的日常政务，还发表了大量关于动物、植物、气象和矿物等方面的论文，《浮士德》这部德国文学中的旷世杰作也在此期间完成。

在魏玛的歌德之家里，不仅原样保存了歌德当年生活时用的所有家具、器物，就连屋内的所有艺术作品也都是歌德当年所亲自收藏的，歌德迷们在这里可以一窥文豪60年日常生活的点滴。

Tips

📍 Frauenplan 1,99423 Weimar　💴 5欧元　🕐 4月至9月9:00—18:00,10月至次年3月9:00—16:00　🚌 从魏玛中央车站步行约15分钟即达

08 包豪斯博物馆
现代建筑大师的设计理念

位于魏玛剧院广场前的歌德与席勒雕像是魏玛最重要的地标之一,而雕像正前方的包豪斯博物馆则代表了德国现代建筑设计理念。1919年,来自柏林的格罗皮欧斯在魏玛创建了公立包豪斯学校,之后改称为设计学院,在两德统一后重新更名为包豪斯大学。包豪斯是德语Bauhaus的音译,由德语Hausbau(房屋建筑)一词倒置而成。格罗皮欧斯强调"以艺术结合建筑设计"的设计理念,使德国的建筑与工业设计理念不再遵循古典艺术的品位走向,而改为以工艺品的特性与结构为出发点,创造出强调线条、几何构图和物品功能的设计理念,标志着现代设计的诞生。现今,在魏玛的角边街上依旧有一间实验屋,令游人可以亲身体验包豪斯设计理念。

> **Tips**
> Theaterplatz 99401 Weimar　3欧元　4月至10月10:00—18:00,11月至次年3月10:00—16:00　从魏玛中央车站步行约10分钟即达

09 莱比锡老商业大厦
优雅雍容的古典建筑

> **Tips**
> Alte Handelsbörse Naschmarkt, 04109 Leipzig　0341-2-61-77-66　乘89路公交车至Markt站下,步行约5分钟即达

毗邻莱比锡旧市政厅的老商业大厦建于1687年,精雕细琢的建筑外观雍容优雅,同时搭配着对称的纯白楼梯,是莱比锡历史上第一幢美丽的巴洛克建筑,曾是当时商业贸易交易中心。第二次世界大战期间,老商业大厦被炸毁,现今重新修复后作为音乐会的举办场地,是众多音乐爱好者喜爱的一处文艺圣地。此外,在老商业大厦前方的广场正中矗立着歌德的纪念雕像。在广场周围的露天咖啡座小憩片刻,欣赏周围往来的游人,闹中取静的怡人气氛令人沉醉不已。

10 巴赫博物馆

感受古典音乐大师的风采 ★★★★ 赏

毗邻托马斯教堂的巴赫博物馆是一幢始建于16世纪、外观充满文艺复兴风格的建筑。18世纪初期，该建筑为与巴赫相交甚笃的富商博瑟所有，现今这幢建筑中巴洛克风格的夏厅依旧是巴赫基金会举办音乐活动的场地。1723年至1750年期间，巴赫曾在莱比锡生活，并在托马斯教堂的唱诗班担任指挥。这段时期巴赫创作了大量以宗教圣乐、清唱剧为主的作品，其中包括最为知名的《马太福音》。游人在巴赫博物馆内可以通过大量历史悠久的泛黄手稿、乐谱、家族文件以及巴赫生前最为钟爱的小提琴等文物资料，来感受这位古典音乐大师在莱比锡生活的点点滴滴。此外，博物馆内每个月都会举办巴洛克音乐会，游人还可以欣赏旋律优美的音乐。

Tips
🏠 Thomaskirchhof 15/16, 04109 Leipzig
☎ 0341-91-37-200 💰 3欧元 🕙 10:00—17:00 🚌 乘9路电车或89路公交车至托马斯教堂站下，步行即达

德国攻略 | 德国其他

11 德国小剧场

前卫的实验艺术剧场

位于莱比锡内城西端Dittrich-ring环道旁的德国小剧场是一座充满前卫艺术、发展实验性现代戏剧的小剧场。由于德国一直以来鼓励戏剧艺术的创作,大量非音乐性、充满革命特色的前卫戏剧纷纷在德国小剧场内上演。1957年3月,这里更是因首次演出了德国一代文豪席勒的作品《华伦斯坦》而大受好评,是喜爱前卫戏剧艺术的游人来莱比锡不可错过的一处地方。

Tips
 Bosestraβe 1,04109 Leipzig　0341-12-68-168　乘9路电车或89路公交车至托马斯教堂站下,穿过Dittrich-ring环道即达

12 马德勒走廊

优雅舒适的购物走廊

Tips
Grimmaische Straβe 2-4,04109 Leipzig　0341-21-63-40　乘89路公交车至Markt站下,从Grimmaische Strβse街穿过后即达

建于16世纪的马德勒走廊是莱比锡最华丽高雅的一处长廊商场。弥漫着巴洛克风情的马德勒走廊结合了古典与时尚元素,明亮的玻璃天顶和四周随处可见的艺术装饰一同营造出一处舒适优雅的购物空间。德国文豪歌德在其代表作《浮士德》中曾经将拱廊内的奥尔巴赫地窖酒家作为书中故事的场景之一,使得这家餐厅在全世界范围内都拥有相当高的知名度,每天都有世界各地的游客慕名而来。此外,在马德勒走廊内还有充满浪漫情怀的孟菲斯托咖啡馆,以及经营各种精品服饰、葡萄酒、手工艺品的商店。琳琅满目的商品和舒适优雅的购物环境令人流连忘返,是假日休闲购物的绝佳去处。

13 塔仙堡帕雷斯酒店
300年历史的宫廷酒店 ★★★★ 赏

> **Tips**
> 🏠 Taschenberg 3,01067 Dresden ☎ 0351-4-91-20 🚋 乘4、8、9路电车至剧院广场站下，步行约5分钟即达

由建筑师Poppelmann设计建造的塔仙堡帕雷斯的前身是"强力王"腓特烈·奥古斯特于1705年为其爱妾Countess Cosel建造的宫殿，之后成为王子加冕与国王招待贵客的场所。现今经过ADVANTA公司重新整修的塔仙堡帕雷斯成为一处格调高雅、精致奢华的五星级豪华酒店，从1993年开始由凯宾斯基酒店管理集团管理，是一处可体验300年前奢华生活的宫廷酒店。

14 德累斯顿圣母教堂

●●● 宏伟庄严的圆顶教堂

　　建成于1738年的德累斯顿圣母教堂毗邻亚伯庭宫殿，是一幢拥有巨大砂岩圆顶的鹅黄色教堂，在当时的建筑界堪称一大创举；而由建筑师乔治·贝舍尔设计的圆顶尖塔更是成为易北河畔的标志，是德累斯顿城区的地标建筑之一。圣母教堂是德累斯顿城内市民的信仰中心，巴赫和瓦格纳这两位音乐大师也曾在此留下足迹。

　　在第二次世界大战期间，圣母教堂被空袭摧毁，只剩下残垣断壁，之后直到1992年才开始重建，并在2006年重新对公众开放。由于在重建过程中使用了教堂残留的石块，因而现今的圣母教堂外观依然可以看到大量黑色斑点，蕴含着过往的质朴本色。

> 🏠 Georg-Tren-Platz 3,01067 Dresden　☎ 0351-4-98-11-31　¥ 免费　🕙 10:00—17:00　🚌 乘3、7、9路电车至Synagoge站下，步行即达

德国攻略　德国其他

15 亚伯庭宫殿

参观德累斯顿的皇室收藏

★★★★ 赏

Tips
🏠 Taschenberg 2,01067 Dresden　☎ 0351-491-420-00　💰 3欧元　🕙 10:00—18:00　🚌 乘4、8、9路电车至Theaterplatz站下即达

始建于15世纪末的亚伯庭宫殿是一座方形建筑，现今是收藏、展示德累斯顿皇室收藏品的博物馆。整座博物馆内最为引人注目的就是高达百米的赫斯曼斯塔。此外，位于博物馆二楼的绿拱顶宝库内展示着"强力王"奥古斯特收集的大量皇室财宝和贵重宝石，价值连城的艺术珍品随处可见，令人眼花缭乱。此外，亚伯庭宫殿内还附设了当代美术馆与钱币收藏馆等博物馆，而王宫内的铜版画陈列馆和艺术图书馆也吸引了众多游人的目光。

183

16 茨温格宫

举世瞩目的宫殿庭园 赏

1710年由"强力王"奥古斯特委派建筑家珀佩曼和雕塑家莫泽尔设计建造的茨温格宫是一处闻名世界的巴洛克式晚期艺术作品，作为一座举世瞩目的宫殿庭园而被誉为欧洲建筑艺术之冠。1732年竣工的茨温格宫由艺术长廊、雍容华贵的皇冠门、带有神秘色彩的宁芬浴池和墙亭，以及站在山顶上化身为大力神海格力斯的强者奥古斯特雕像和随处可见的喷水池、绿草如茵的内庭花园等组成，曾是王室举行盛大宴会的地方。现今的茨温格宫四个角落的厅堂都已被辟为博物馆，分别是古代艺术大师美术馆、陶瓷陈列馆、军事历史博物馆、数学物理沙龙厅，每个展馆都拥有丰富多彩的收藏品，适合艺术爱好者在这里慢慢消磨时光，仔细品味每一件精美的藏品。

Tips
Zwinger/Theaterplatz，01067 Dresden
0351-491-496-01　3欧元　6:00—23:00　乘4、8、9路电车至Theaterplatz站下，步行即达

17 森帕歌剧院

德累斯顿引以为傲的歌剧院 ★★★★ 娱

位于剧院广场一侧的森帕歌剧院始建于1841年，由建筑师森帕设计并以其名字命名，有着新文艺复兴式建筑的华丽美感，是德累斯顿引以为傲的歌剧院。德国知名作曲家理查德·瓦格纳的多部作品均在森帕歌剧院内上演，德国浪漫主义作曲家理查德·施特劳斯也曾在这里创作了多首管弦乐曲和交响诗，并选择森帕歌剧院作为其9部经典歌剧的首演剧场。现今，森帕歌剧院内依旧竖立着施特劳斯的半身塑像作为纪念。1869年，一场大火烧毁了这座外观优雅的剧院，虽然当时森帕已经因为派系斗争而远离德累斯顿，但出于对这座剧院的热情，依旧投身于重建工程，并任命其子主持重建工程，直到1878年父子二人联手最终修建完成了这座完美的歌剧殿堂。

Tips
- Theaterplatz 2,01067 Dresden
- 0351-491-1496 ¥ 6欧元
- 10:00—18:00 乘4、8、9路电车至Theaterplatz站下，步行即达

德国攻略 德国其他

18 迈森大教堂

庄严恢弘的哥特式教堂

拥有三座挺拔尖塔的迈森大教堂是迈森的标志性建筑，不论在城中任何地方都可以看到这座气势庄严恢弘的哥特式教堂，它也造就了古城迈森最为有名的优雅景观。始建于13世纪的迈森大教堂挑高的中殿沉静庄严，圣坛上方遍布描绘了耶稣前往耶路撒冷故事的彩绘玻璃，艺术价值极高，阳光透过玻璃幻化成七色光芒洒在圣坛上方，宛如梦幻世界一般。此外，教堂的王侯祈祷室内，是15世纪萨克森统治者韦廷家族长眠的墓地。

Tips

Domplatz 7,01662 Meisen　☎ 0352-145-24-90　¥ 2欧元　🕘 9:00—18:00　🚌 从市集广场站步行约10分钟即达

19 迈森瓷器工厂展览馆

享誉全球的白瓷故乡

迈森是欧洲白瓷的发源地，1710年由炼金术师波特葛成功研发出白瓷的制造工艺。旧时迈森瓷器工厂曾经是制作专供萨克森选帝侯宫廷御用瓷器的制造商，现今已经发展成为享誉全球的顶级瓷器品牌。游人在迈森瓷器工厂可以深入参观迈森瓷器的制作工艺流程，现场还有专业的艺术师演示制模、细部点缀、釉下彩、彩绘等迈森瓷器的四大步骤。此外，游人还可在展览馆二层欣赏这里收藏的历代精美瓷器作品，琳琅满目的瓷器艺术品中不乏价值连城的珍品。在大厅正中还有陈列摆放了全陶瓷器的餐桌，成为最受游人瞩目、争相拍照留念的焦点。

Tips
🏠 Talstrase 9, 01662 Meisen ☎ 0352-146-82-08 ¥ 6欧元 ⏰ 9:00—18:00 🚌 从迈森车站乘市营巴士即达

德国攻略 | 德国其他

20 德绍

现代主义建筑圣地 ★★★★

> **Tips**
> 🏠 柏林西南　🚆 从柏林或德累斯顿乘地区直达快车或地区联邦铁路列车可达德绍，车程约6小时。从法兰克福乘ICE转乘IC、RB火车可达德绍中央车站，行程约5小时

位于易北河畔的德绍虽然只有大约10万人口，却是德国东部重要的机械和化学工业城市。1925年至1932年，由格罗皮欧斯领导的包豪斯学院从魏玛迁至德绍，并在此建造了大量充满现代主义设计风格的建筑，成为喜爱现代主义建筑设计的人们来德国不可错过的朝圣之地。而1986年重新开放的包豪斯学院大楼更是体现了现代主义建筑的设计理念，其简约流畅的建筑线条，大量使用玻璃采光等完全有别于古典主义的建筑风格，都对建筑设计领域产生了深远影响，并于1996年被选为世界文化遗产。除了在现代建筑史上的重要地位外，德绍还拥有大片绿地，毗邻易北河畔的沃里茨花园与旧时地方诸侯营建的宫殿花园充满了优雅古典的韵味，颇为醒目。

21 埃尔福特市政厅
美轮美奂的新哥特式建筑 ★★★★ 赏

位于埃尔福特老城区的市政厅毗邻鱼市广场,是一座建于1870年的新哥特风格建筑,在市政厅走廊和大厅内的壁画描述了宗教改革家马丁·路德的事迹,以及埃尔福特的城市发展历史,参观一遍市政厅,游人就可对这座城市的历史拥有大致印象。此外,在市政厅周围有很多历史悠久的古建筑,沿途参观,可以欣赏同一时期和谐统一的建筑风格,并且领略这座古城的美丽风貌。

Tips
🏛 埃尔福特老城区鱼市广场一侧 🚇 从埃尔福特中央车站步行约10分钟即达,或乘3、4、6路电车至Fishmarkt站下可达

22 商人桥
洋溢着中世纪浪漫气息的古桥 ★★★★ 赏

建于1325年的商人桥横跨于格拉河两岸,是连接威尼盖广场与鱼市广场的桥梁,早在中世纪时这里就曾是东西往来贸易的必经之路,同时也是阿尔卑斯山以北唯一一座建有盖顶的桥梁。远远望去,令人很难想象一片连绵的房屋是盖在一座700年历史的古桥之上。现今在商人桥上保存有众多艺术家工作室与经营古董和工艺品的小型商店,游人漫步其间,恍如穿越时空来到中世纪一般,可感受十足的中世纪浪漫气息。

Tips
🏛 埃尔福特老城区鱼市广场与威尼盖广场之间 🚇 从埃尔福特中央车站步行约10分钟即达,或乘3、4、6路电车至Fishmarkt站下,步行1分钟可达

23 主教大教堂与圣塞维里教堂

世界著名的大教堂钟 ★★★★

始建于742年的主教大教堂直到12世纪才完工,这座历史悠久的大教堂除了拥有世界著名的大教堂钟——格洛丽莎外,还有一座12世纪的枝状大烛台,堪称不可多得的一件珍宝。此外,毗邻主教大教堂的圣塞维里教堂建于1278年,迄今已有700余年历史,1365年逝世的圣塞维鲁斯即安葬于此,其挺拔的高塔颇为引人注目。

Tips
- 埃尔福特老城区
- 乘3、4、6路电车至Domplatz站下即达

24 阿尔斯菲尔特

小红帽的故乡

保存了众多14世纪德国传统木制房屋的阿尔斯菲尔特是一座充满古朴风韵的小城，哥特式造型的市政厅与广场周围散落的众多古老建筑都拥有数百年历史。尤其引人注目的是从广场一侧的欧博巷进入、迎面而立的那尊戴红帽的少女雕像，那正是无数人耳熟能详的《格林童话》中可爱的"小红帽"形象。在阿尔斯菲尔特一带，未婚女性自古就有头戴小红帽的传统，而作为以制帽工艺闻名的小城，这里每年夏季的庆典期间都可以看到众多头戴小红帽的年轻女性，因而也被称为"小红帽的故乡"，吸引了大量游人。此外，阿尔斯菲尔特的玩具博物馆也是游人不可错过的一处景点，博物馆内收藏了从1860年至1960年间的袖珍娃娃、木马，以及遥控飞机模型等各式玩具，令来自世界各地的游人在小红帽的故乡重新回忆起玩具带给自己的童年快乐。

Tips
Alsfeld

25 马堡

格林兄弟求学地

与海德堡大学、格丁根大学和蒂宾根大学并称为德国四大名校的马堡大学是一所闻名欧洲的古老大学。漫步在马堡古城内，书店、文具店、学生酒吧和咖啡馆散落各地，而马堡大学各学院也分布在城中各处，令整座城市都充满浓郁的文艺风情。在马堡这座古老的大学城内，高低起伏的狭窄古巷、庄严肃穆的教堂都充满古老的风韵。格林兄弟曾在马堡大学攻读法律，并在一位历史教授的鼓励下开始踏上了搜集流传在德国各地民间故事的旅程，可以说马堡是《格林童话》的最初诞生地。如今，格林兄弟当时在马堡求学时的住处已经成为一间小酒馆，只剩下屋外的门牌提醒着往来的游人，这里曾经是格林兄弟的住所。

Tips
🏠 Marburg ☎ 06421-99-120

德国攻略　德国其他

26 卡塞尔
睡美人的古堡　★★★★ 赏

曾是黑森王国都城的卡塞尔周围散落着众多贵族城堡，格林兄弟曾经在这里居住了20余年，并在当地的图书馆担任管理员。现今在卡塞尔城内还建有一座格林兄弟博物馆，展示了格林兄弟亲笔撰写的原稿、绘画和书信，以及从世界各地收集来的不同版本的《格林童话》，其中包括中文版。在《格林童话》的故事中，《白雪公主》、《灰姑娘》、《睡美人》等都是脍炙人口的名篇佳作。在卡塞尔周围的森林中矗立着一座名为萨巴堡的古堡，《睡美人》的故事就发生在这里，现今这座巍峨壮观的古堡已经被改建成为旅馆，吸引了来自世界各地的童话爱好者在此感受童话故事的氛围。

Tips

Kassel

27 不来梅

《不来梅的音乐家》演奏的舞台

Tips
- 德国北部威悉河入海口处
- 0421-3-08-00-30（不来梅旅游服务中心）
- 从法兰克福乘IC即达不来梅中央车站，行程约3.5小时；或从汉堡乘IC可达，行程约1小时

位于威悉河畔的不来梅拥有欧洲闻名的市集广场，广场四周林立着恢弘庄严的教堂和古朴典雅的住宅，其中1042年建造的大教堂和1405年建造的市政厅以及罗兰德骑士的雕像都在2002年被联合国列为世界文化遗产，手握盾牌的罗兰德骑士雕像更是不来梅的城市标志之一。洋溢着浓郁中世纪风情的贝特西街是20世纪初一位因咖啡贸易致富的商人耗费巨资而建，沿街林立着大量古董店、陶艺店和咖啡馆，两侧建筑古色古香，极富艺术价值，漫步其间，宛若正置身中世纪的古城街巷一般。

除去众多历史悠久的古迹和典雅的建筑外，不来梅最为人所熟知的就是《格林童话》中由驴、公鸡、狗和猫合力赶走强盗的《不来梅的音乐家》的故事。在市集广场上，毗邻市政厅的不来梅音乐家雕像由最下面的驴，依次向上是狗、猫和公鸡构成，宛如叠罗汉一般，与罗兰德骑士雕像一同成为不来梅的城市标志之一。

28 贝克啤酒厂
德国著名的啤酒厂之一 ★★★★ 赏

创立于1879年的贝克啤酒厂生产的皮尔森啤酒是德国著名的啤酒品牌之一,其大本营位于威悉河畔的不来梅。游人在贝克啤酒厂可以参观啤酒厂附设的博物馆,并通过两部介绍影片了解啤酒的制作工艺和过程,还可以参观酿造间、麦芽仓、发酵罐和贮藏罐,最后来到品酒室,从工作人员手中接过两杯啤酒,分辨哪一杯是贝克啤酒,哪一杯是哈克贝克啤酒。如果答对的话可以得到一杯500毫升的自选啤酒和一瓶啤酒作为奖品,即使答错也可以得到一杯啤酒作为安慰奖。空气中弥漫的啤酒香气令每一个游人都能够满意而归。

Tips
🏠 Am Deich 18/19,28199 Bremen ☎ 0421-509-455-55 ¥ 9欧元 🕐 14:00 🚃 乘Tram1至Am Brill或Westerstr.站下,沿Am Deich向西步行即达

29 圣基利安大教堂
德国境内排名第四的罗马式教堂 ★★★★ 赏

位于维尔茨堡的圣基利安大教堂是德国境内排名第四的罗马式教堂,同时在整个德国建筑史上也堪称一座重要的里程碑。每天都有来自世界各地的游人进入圣基利安大教堂。不同于一般的观光景点,圣基利安大教堂地下是安葬历代主教的墓地,每一位游客在进入教堂后都应保持安静。教堂内部巴洛克风格的装饰令人印象深刻,由著名雕刻家提尔曼·里门施奈德为主雕刻的墓碑更是汇集了众人的目光。

Tips
🏠 Domstraße ¥ 免费 🕐 10:00—17:00

德国攻略 · 德国其他

30 波特夏街

不来梅最有名的大街

不来梅HAG咖啡公司的创立者罗塞利乌斯于1924年到1931年间为重现中世纪古城镇的繁荣景象，而耗费巨资修建了拥有众多建筑物的波特夏街。波特夏街长110米，是不来梅最有名的一条街道，同时也是旧城区内最繁华热闹的地方。游人漫步在波特夏街，除了逛众多经营艺术品的精致小店和咖啡馆外，还可以去罗塞利乌斯之家参观，感受中世纪晚期的民间生活，或是去宾拉贝克之家参观这里以女性艺术家为主题的收藏展览。此外，在波特夏街上还有一座被誉为壁钟之家的建筑，在两个屋顶之间装饰了30多个迈森瓷钟，吸引了众多游人的目光。

Tips

🏠 Bottcherstraße ☎ 0421-336-5077 ¥ 博物馆5欧元 🕐 博物馆11:00—18:00 🚌 乘Tram2-6或乘24、25路公交车至Domsheide站下，步行即达

31 哈梅尔

哈梅尔的吹笛人 ★★★★

《格林童话》中用一根笛子将老鼠驱逐的吹笛人的故事脍炙人口，据说早在13世纪，哈梅尔这座以生产面粉而闻名的城市就有吹笛人的故事流传。格林兄弟在19世纪将吹笛人的故事编入《格林童话》后，更是使这个故事在全世界流传。现今游人漫步在哈梅尔城内，随处可以看到以老鼠为题材的纪念品或商店，成为哈梅尔的一大特色。位于哈梅尔古城东街的捕鼠人之家是一幢文艺复兴风格的建筑，因为墙壁上绘有吹笛人的故事而闻名；墙壁后面的阴暗小路就是故事中吹笛人将孩子拐走的街道，因而被命名为"不可演奏音乐的街道"，在这条街上演奏音乐也成了大忌。毗邻的婚礼之家墙上则悬挂着大大小小的时钟，每到固定的时间就会演奏起吹笛人的音乐或是威悉河之歌。此外，每年夏季的周日在市中心的广场上也会有吹笛人的表演，吸引了众多游人观看。

Hameln

32 维尔茨主教宫

风华绝代的宫殿建筑

Tips

🏠 Schloß-und Gartenverwaltung Wurzburg Residenzplatz 2,Tor B97070 Wurzburg
☎ 0931-3-55-170　¥ 5欧元　⌚ 9:00—18:00
🚌 乘9路公交车至Residenz站下，步行即达；乘14、18路公交车至Stadttheater站下，或乘1、3、5号电车至Dom站下可达

始建于1720年的主教宫由约翰·菲利普·法兰兹主教委任建筑师诺曼设计，直至1780年才全部完工，被誉为德国南部巴洛克式建筑的杰作，同时也是欧洲最为闻名的宫殿之一。除了大量美丽的洛可可风格装饰外，在主教宫内的阶梯厅房屋顶上有威尼斯画派大师提埃波罗绘制的精美壁画，这也是世界上最大的天花板壁画。此外，宫殿内皇帝厅、花园厅、玻璃房的装饰也极尽奢华，令人惊叹不已。

33 罗腾堡圣雅各教堂

罗腾堡最重要的教堂 ★★★★ 赏

始建于1311年的圣雅各教堂是罗腾堡最重要的教堂,由知名雕刻家提尔曼·里门施奈德制作的圣血祭坛位于教堂二层,祭坛正中的木刻《最后的晚餐》不同于常见的耶稣位于正中,而是将叛徒犹大放在了正中央。耶稣说出"你们之中有一人将出卖我"时,周围信徒震惊担忧的表情栩栩如生,此作品堪称艺术珍品。而圣血祭坛真正闻名于世的原因则是雕刻上方的十字架内有一颗水晶球,相传十字军从东方归来后曾将耶稣的圣血带到罗腾堡,市议会请求提尔曼·里门施奈德制作圣坛来保存圣血,那颗水晶球就成为保存圣血的容器,吸引了大量游人带着望远镜想要一探水晶球中的圣血传闻是否属实。

> **Tips**
> 🏠 Klostergaβe 15　☎ 098-617-006-20　¥ 2欧元　🕐 9:00—17:15　🚌 从市政厅步行约5分钟即达

34 中世纪犯罪博物馆

阴森恐怖的中世纪犯罪历史

Tips
- Burggaße 3-5, D-91541 Rothenburg
- 098-615-359
- ¥4欧元
- 10:00—18:00
- 从市政厅步行约5分钟即达

毗邻罗腾堡市政厅的中世纪犯罪博物馆中保存有从中世纪直至19世纪近千年的犯罪刑罚史料，包括当时的文献资料、拷问和证词记录，以及拷问犯人的教科书，令人毛骨悚然，甚至在当时的拷问教科书上还有执行刑罚的图片介绍。游人在中世纪犯罪博物馆内可以参观惩罚下流男士和饶舌女子的羞辱面具、丈夫外出时禁锢妻子的贞操带、惩罚不贞妇女的铁袍、死刑执行者的面具等五花八门的器具，还有老师处罚学生的场景微缩模型。此外，在博物馆一层还建有一间死刑室，展示执行死刑的工具。在博物馆中游览，游人仿佛置身黑暗的中世纪，随时可以听到周围传出的惊声尖叫。

35 帝国城市博物馆

体验中世纪的风情

毗邻市政厅的帝国城市博物馆前身是1258年至1544年间修女的住所，现今改为博物馆后依旧可以看到从中世纪保留至今的厨房，里面还保存着当年修女用的锅、秤和各式瓶罐，充满厚重的历史感。博物馆内收藏有知名艺术家的大量作品，其中一组展现耶稣受难记的艺术品创作于1494年，由12幅油画组成。此外，博物馆内还收藏有一个制于1616年的大酒杯，当年罗腾堡的市长为了拯救城市，曾经一口气喝下了超过3升的葡萄酒。作为罗腾堡最有名的历史事件，罗腾堡市政厅的钟楼每到11点、15点、20点和22点整点时都会有由机关控制的小人从大钟左右两边的小门出来表演这件事。当时市长所使用的这只大酒杯比常人的头还要大，相传市长喝下酒后整整昏睡了三天，而这枚巨大的酒杯也令人叹为观止，吸引了无数游人拍照留念。

Tips
- Klosterhof 5 D-91541 Rothenburg
- 098-619-390-43
- ¥3.5欧元
- 10:00—17:00
- 从市政厅步行约10分钟即达

36 | 乌尔姆大教堂
多瑙河畔的宏伟教堂

Tips
🏠 Munster Platz ☎ 073-16-32-19 ¥ 3欧元 🕐 8:00—18:45

位于德国南部多瑙河畔的乌尔姆大教堂建于16世纪，是德国国内除科隆大教堂外最为著名的哥特式教堂。享有"世界最高尖塔"美誉的乌尔姆大教堂位于乌尔姆市中心的石砌街道上，每天吸引了来自世界各地的游人观光。尖塔高达161米的乌尔姆大教堂拥有尖耸的拱门、拱墙，拱形圆顶的形式令教堂尖塔达到前所未有的高度。教堂内的门窗也摆脱了旧时罗马式建筑大量石材堆砌的墙面，而改用色彩绚丽，五彩斑斓的彩绘玻璃，不但表现了工匠精巧的工艺水平，也彰显了上帝的荣光。游人可以顺着教堂尖塔的768层阶梯一路攀爬到高140米的塔楼展望台，一览乌尔姆市区风光，天气晴朗时还可以远眺阿尔卑斯山脉，壮美的景色令人终生难忘。

37 纽伦堡圣洛伦茨教堂

气势恢弘的哥特式教堂 ★★★★ 赏

毗邻纽伦堡市政厅的圣洛伦茨教堂建于1250年，其外观与同在纽伦堡的圣塞巴德斯教堂非常相似，其哥特式风格的尖塔和玫瑰窗使教堂气势庄严恢弘。教堂内部的圣坛和彩绘玻璃充满神圣氛围，令人惊叹不已。此外，圣洛伦茨教堂内还有大量珍贵的藏品，其中以法伊特·修特斯的《天使的祝福》木雕像最为有名。

> **Tips**
> 🏠 Lorenzer Platz, 90402 Nürnberg
> ☎ 091-124-469-914　💰 教堂接受游客自愿性捐助1欧元协助重建及维修工程　🕘 9:00—17:00　🚇 乘U1至Lorenzkirche站下，步行即达

38 | 丢勒故居

感受艺术大师的生活 ★★★★ 赏

Tips
- Albrecht-Dürer-Straße 39,90402 Nürnberg
- 091-123-125-68
- 5欧元
- 10:00—17:00
- 从市政厅步行约10分钟即达

毗邻纽伦堡市政厅的丢勒故居是文艺复兴时期德国最伟大的艺术家之一丢勒1509年购下后生活居住的地方,并在此创作出大量举世闻名的作品。丢勒同时还是金匠、制图者、艺术家,更是文艺复兴时期颇为知名的伟大思想家之一,他的自画像为之后的众多画家树立了典范。丢勒故居中的厨房和客厅及其家具陈设与当时一般的居民家庭差不多,游人在参观丢勒故居的同时,除了可以深入了解丢勒的日常生活,还可以了解当时居民家中的生活情况。此外,在丢勒故居楼上是他的工作室,屋内还有版画的复制品展示,供游人参观。

德国攻略 德国其他

39 皇帝堡 100分！
纽伦堡的象征 ★★★★★ 赏

Tips

 Auf der Burg 13, 90403 Nürnberg ☎ 091-124-465-90 ¥ 5欧元 ⏰ 9:00—18:00 🚌 乘36路公交车至Burgstraße站下即达，或乘4路电车至Tiergartnertirplatz站下可达

建于纽伦堡旧城山坡上的皇帝堡是纽伦堡的象征，从1050年至1571年的500余年时间里，皇帝堡都是神圣罗马帝国的皇帝所使用。站在城门口的平台上可以一览纽伦堡旧城错落有致的红瓦尖顶房屋，城堡中罗马风格的双教堂、深井和圆塔都突出了这座古堡的防御功能。由红砂石砌成的皇帝堡分上下两层，上层是皇帝专属的教堂。虽然名为皇帝堡，但城堡内却没有任何当时的家具展示，因为当时神圣罗马帝国的皇帝如果要在城堡内下榻，都是由镇上的富商提供生活必需品和家具，当皇帝离去后再将这些家具物品搬回家。现今城堡中的画像和家具是由博物馆送来陈列的，方便游人了解当时的日常生活。

此外，皇帝堡内附设的博物馆展出了从12到16世纪神圣罗马帝国的建筑、军事和政治史料。由于神圣罗马帝国皇帝查理四世曾于1365年颁布"金玺诏书"，使得之后的新皇帝都必须在纽伦堡举行会议。历史上共有30位皇帝造访皇帝堡，总计超过300次。

40 日耳曼民族国立博物馆
德国最大的文化艺术博物馆 ★★★★★

纽伦堡的日耳曼民族国立博物馆是德国规模最大的文化艺术博物馆，博物馆内展示有从远古直到现代各个时期的艺术品和生活用品，包括绘画、雕刻、乐器、武器、狩猎用具以及玩具等不同藏品，其中马丁·贝海姆制作的世界上第一个地球仪就收藏在这里。细心的游客可以发现地球仪上并没有绘制美洲大陆，是因为当时还没有发现新大陆，所以地球仪上大西洋以西依旧是一片汪洋大海。此外，博物馆内还有丢勒、伦勃朗、李曼施奈德等世界闻名的艺术大师的大量作品，宛如一座艺术珍品的宝库，吸引了每一个游人驻足，仔细品味日耳曼民族灿烂悠久的文化艺术。

Tips
- Kartausergaße 1,90402 Nürnberg
- 091-113-310 ¥ 6欧元 ⏰ 10:00—18:00
- 乘U2至Opernhaus站下即达

41 圣塞巴德斯教堂
纽伦堡最古老的教堂 ★★★★

始建于1215年的圣塞巴德斯教堂的外观融合了罗马式与哥特式建筑的特色，是纽伦堡历史最悠久的教堂。游人在教堂内可以看到展示"二战"期间教堂被炸毁后一片残垣断壁的照片，照片下方还有文字描述战争的惨烈情况，警醒后人祈求和平。此外，教堂内还安放着死于11世纪的传教士塞巴德斯的金圣龛，教堂也以其名字命名。17世纪最伟大的管风琴大师约翰·帕赫贝尔曾在圣塞巴德斯教堂终身任职，并创作出西方音乐史上的不朽名曲《D大调卡农》，对巴赫产生深远的影响，这里是古典音乐爱好者不可错过的地方。

Tips
- Albrecht-Dürer-Platz 1,Nürnberg
- 091-121-425-00 ¥ 免费 ⏰ 9:30—16:00

42 巴姆堡

拥有千年历史的德国南部水城

> **Tips**
> 巴伐利亚州北部美因河畔

位于巴伐利亚州北部美因河畔的巴姆堡是一座拥有千余年历史的古老水城。11世纪初，时任神圣罗马帝国皇帝海因里希二世在这里建立主教辖区，想让巴姆堡变成第二个罗马，使得巴姆堡这块面积不大的主教领土逐渐发展成现今的古城。巴姆堡最为知名的建筑即1012年落成的巴姆堡大教堂，海因里希二世与其妻子库尼古德都安葬在这里，曾担任巴姆堡主教的教皇克莱门特二世也安葬于此，这里成为阿尔卑斯山以北唯一的教皇墓地。在教堂入口的高柱上有头戴皇冠、骑马而立的名为"巴姆堡骑士"的雕像，朴实而典雅的风格令其闻名遐迩。与大教堂相对的旧宫殿后方是建于1569年的新皇宫，作为当时皇帝和主教居所的这座宫殿以砂岩筑成，造型庄严，是巴姆堡境内规模最大的建筑，大厅内装饰的巨幅壁画和17世纪的中古家具将整座建筑衬托得典雅庄严，吸引了无数游人的注意。

43 科堡碉堡

●●● 德国最坚固的碉堡

Tips
🏠 Kunstsammlungen der Veste Coburg,96450 Coburg ☎ 095-618-790 ¥ 3欧元 🕙 10:00—17:00

科堡的城市历史最早可以追溯至1056年萨克森公爵在此地建立碉堡，带动周边逐渐发展成为一座繁荣的城市。知名的音乐大师约翰·施特劳斯也曾在科堡居住多年直至去世，并创作了《科堡进行曲》等知名乐曲。英国维多利亚女王随丈夫阿尔伯特亲王返乡拜访的时候曾说："如果我不是英国女王，我会选择居住在科堡。"令世人对风景优美的科堡多了几许期待与神往。

从11世纪以来一直屹立于山头的科堡碉堡是科堡最初的城市核心，经过历代不断加固与改建，现今已经拥有三层防御工事，堪称德国规模最大、最坚固的城堡，数百年来一直捍卫着科堡王室与古城的安全，被誉为"法兰肯的王冠"。在16世纪，科堡碉堡还曾经作为公爵的宫廷所在，1530年马丁·路德也曾在城堡内寻求庇护，度过流亡岁月，为这座历史悠久的城堡增添了诸多传奇色彩。

44 斯塔雷克城堡

优雅精致的古堡

Tips
- Burg Stahleck,55422 Bacharach ☎ 067-431-266

始建于12世纪的斯塔雷克城堡位于巴哈拉上方,是中世纪巴伐利亚势力雄厚的维特尔斯巴赫家族所拥有的城堡,在17世纪宗教战争期间遭到严重破坏,直到1925年才由莱茵河地区协会在城堡遗址上开始重建工程。外观优雅精致的斯塔雷克城堡现今除了作为青年旅社部分开放使用外,其余部分并不对外开放。游人在城堡前可远眺莱茵河的美丽景色,或是在周围漫步,欣赏落日余晖下古老城堡的雄浑身影。

45 克洛普城堡
罗马人设立的古堡

位于莱茵河畔的克洛普城堡最初是罗马人在此地设立的堡垒,之后成为当地统治者麦兹大主教屯兵据守的城堡。历史上克洛普城堡不断经历战乱与火灾,1301年城堡曾毁于一场大火,之后在1689年又被法军破坏,1875重建后再现了15世纪时古堡的风貌。现今,克洛普城堡的一部分被作为当地市政厅,游人可以前往城堡塔楼中开放的民俗博物馆参观这里收藏展示的公元2世纪左右古罗马帝国文物,其中不乏当时罗马医生所用的医疗器具等文物,颇为新奇。

Tips
- Burg Klopp,DE-55411,Bingen
- 067-211-840
- 9:00—17:00

46 马克斯堡

莱茵河畔最壮观的古堡 ★★★★

始建于12世纪的马克斯堡位于布洛巴赫，13世纪后期城堡连同周围的小镇都被猫堡伯爵夺走，之后直到15世纪猫堡伯爵家族后继无人后又归黑森州所有，直到19世纪才归普鲁士王朝所有，是德国莱茵河畔最壮观、保存最好的古堡之一。这座完整保存了中世纪城堡格局的古堡在1900年由普鲁士王子卖给德国城堡协会，成为该协会的根据地之一。现今在马克斯堡内依旧洋溢着浓郁的中世纪风情，城堡内还有修整完善的骑士厅和古代武器展示馆供游人参观。此外，游人还可以在马克斯堡一览附近莱茵河畔的美丽景色。

> **Tips**
> 🏠 56338 Braubach　☎ 026-272-06　¥ 4.5欧元　⏰ 10:00—17:00

47 鲁尔工业区
另类的工业城

顺着莱茵河一路向北即可来到以重工业闻名的鲁尔工业区。旧时的鲁尔区曾经被煤炭厂上空的黑烟所笼罩，钢铁厂里每日无数工人卖力工作，空气中弥漫着煤灰与烟尘，生存环境恶劣。经过多年的绿化改造，现今鲁尔区已经不再有人们印象中传统重工业区的影子，众多老厂房成为文化与艺术展示的场所，而依旧进行生产的工厂也早已没有了旧日的噪音与污染，取而代之的是洁净的自动化厂房和生产设备，而旧有的机械设备与厂房也同新生的文化艺术产业相结合，开设了众多展览中心和设计中心，将德国重工业追求效率化、机械化和美学化的传统保存下来，不仅见证了德国煤矿工业的发展，同时也展现了人类工业文明的骄傲与未来发展方向。

Tips
德国西部

48 古腾堡博物馆
展示古老印刷设备的博物馆

位于美因茨的古腾堡博物馆毗邻大教堂市集广场。对欧洲文明影响深远的古腾堡印刷术是出身名门的约翰内斯·古腾堡在富商约翰·福斯特的赞助下，于1445年成功研发出的活字版印刷术，这一发明对之后数百年的世界历史产生了深远影响。在古腾堡博物馆内展示了一些古老的印刷设备，其中最为珍贵的展品就是古腾堡当时印制的第一版《42行圣经》，作为世界上现今仅存的47份善本之一，堪称无价之宝。此外，在古腾堡博物馆内，还展示了古代世界各地的印刷术发展历史，其中包括比古腾堡印刷术还要早800年的中国雕版印刷术，而日本、韩国、印度等东方古国的印刷历史也都有详细介绍，是一处充满历史气息的博物馆。

Tips
Liebfrauenplatz 5,55116 Mainz 0613-112-2640-44 5欧元 9:00—17:00 从美因茨中央车站乘54、57、60、65、71路公交车至Hofchen站下即达

德国攻略 德国其他

49 罗马-日耳曼人博物馆
选帝侯的宫殿

位于美因茨的罗马-日耳曼人博物馆是一幢外观为深红色、气势非凡的文艺复兴式宫殿建筑，其前身为始建于17世纪的美因茨大主教兼神圣罗马帝国选帝侯的宫殿。现今作为博物馆的这所宫殿分为史前时代、罗马时代与中世纪时代三个大型展区，展出了各种盔甲、武器等珍贵文物，其中有公元5世纪时法兰克国王希尔德里克一世失落的部分殉葬品，或是打造于9世纪的圣彼得宝座复制品等珍贵文物。博物馆内收藏的制造于公元2世纪的天象仪更是目前已知历史最悠久的球体天象仪，堪称无价之宝。

Tips
- Ernst Ludwig Platz 2,55116 Mainz
- 0613-191-240　¥ 5欧元　10:00—18:00
- 乘6、6a、64、65、99路公交车至Bauhofstraße/Irp站下即达

50 楚格峰　90分!
德国第一高峰

Tips
- 德国南部阿尔卑斯山脉　0882-1797-993
- ¥ 夏季成人往返47欧元，单程26.5欧元；冬季成人一日票36欧元
- 从Garmisch小镇火车站对面的楚格峰齿轮轨道火车站乘齿轮轨道火车，约30分钟即达楚格峰山下的艾比湖，换乘缆车可达山顶

位于南阿尔卑斯山系的楚格峰海拔2964米，是德国境内第一高峰，同时也是德国唯一有冰河的地方。无论春夏秋冬终年积雪不融的楚格峰是德国海拔最高的滑雪胜地，游人在此除了可以滑雪，享受运动带来的休闲娱乐，还可以尽览一望无际的阿尔卑斯山脉全景，或是遥望奥地利、意大利、瑞士和德国境内连绵群峰的壮美景观。此外，在楚格峰下的艾比湖背倚雄伟的山峰，海拔1000米的湖畔四周密布着浓郁葱翠的森林，清净如镜的湖水倒映着连绵群山和蓝天白云，湖光山色的美景令游人终生难忘。

51 多瑙河
欧洲西部最长的河流 ★★★★ 赏

Tips
发源于德国东南部森林中

多瑙河是欧洲西部最长的河流，因一曲《蓝色多瑙河》而扬名天下。那湛蓝的河水、旖旎的风光及围绕它的美丽传说和诗文，令人魂牵梦萦。多瑙河发源于德国的森林之中，河流沿岸一派优美的田园风光，绿色的河岸上点缀着朵朵艳丽的鲜花，宛如人间仙境。多瑙河畔的秀丽风光与德国古朴的乡村风情相互融合，令人沉醉其间。多瑙河水清澈，倒映着近处的黑林山山脉的险峻风光，水波被微风轻柔地翻动，蜿蜒前行间与两岸美景相映生辉。

52 特里尔
德国历史最古老的城市之一 ★★★★ 赏

Tips
莱茵兰-普法尔茨州西南部

特里尔位于摩泽尔河中游河谷的一段宽阔处，城市的大部分地区都在摩泽尔河右岸。被树林覆盖的山谷坡地上散落着很多葡萄园的梯田。城内教堂林立，还有历代奥古斯都下令修建的豪华宫殿、大浴池、气势恢弘的竞技场和十几里长的城垣。值得一提的是，特里尔还是卡尔·马克思的故乡。1818年5月5日，马克思就诞生在这座千年古城里。在特里尔诸多的博物馆、纪念馆中，以马克思故居纪念馆最为人所熟知。

索引 INDEX

德国攻略

A

阿德瑙尔大道	…154
阿尔斯菲尔特	…191
阿尔斯特拱廊	…135
阿尔斯特湖	…127
阿玛琳堡	…096
埃尔福特市政厅	…189
埃及博物馆	…075
爱国者协会大楼	…130
安联体育场	…103
奥格斯堡	…107
奥古斯丁博物馆	…168
奥林匹克公园	…102

B

巴登–巴登休闲宫	…161
巴伐利亚电影城	…105
巴伐利亚歌剧院	…105
巴赫博物馆	…179
巴姆堡	…206
柏林爱乐大厅	…072
柏林大教堂	…068
柏林电视塔	…080
柏林故事馆	…070
柏林墙遗址	…062
包豪斯博物馆	…178
包豪斯文献馆	…083
宝马大厦	…103
保时捷汽车博物馆	…160
贝多芬之家	…155
贝加伦博物馆	…076
贝加蒙博物馆	…067
贝壳屋	…082
贝克啤酒厂	…195
俾斯麦纪念雕像	…130
宾拉特宫殿	…146
波茨坦广场	…086
波恩大教堂	…154
波恩旧市政厅	…153
波特夏街	…196
勃兰登堡门	…060
博物馆岛	…065
博物馆区	…114
不来梅	…194
布策里乌斯艺术馆	…131
布登勃洛克之家	…143

C

采尔大街	…114
仓库城	…133

查理检查站	…079	东亚艺术博物馆	…076
城堡山	…168	杜塞尔多夫	…151
楚格峰	…212	杜塞尔多夫国王大道	…151
船员公会之家	…143	多瑙河	…213
茨温格宫	…184		

D

达勒姆区	…073
大屠杀纪念馆	…059
德国电影博物馆	…113
德国时钟博物馆	…164
德国体育与奥林匹克博物馆	…172
德国小剧场	…180
德累斯顿圣母教堂	…182
德绍	…188
德意志博物馆	…098
德意志之角	…175
帝国城市博物馆	…200
蒂尔加藤公园	…070
丢勒故居	…203
东德博物馆	…084
东尼索餐厅	…106

F

法兰克福大教堂	…118
法兰克福歌德博物馆和歌德故居	…110
法兰克福金融区	…118
腓特烈温泉	…161
弗赖堡大教堂	…166
弗赖堡大学	…167

G

歌德之家	…177
古代雕刻博物馆	…107
古代商贸会馆	…168
古腾堡博物馆	…211
谷物市场	…098
国会大厦	…058

H

哈克夏中庭	…082
哈梅尔	…197
哈瑙	…120
海德堡	…122
海德堡大学	…123
汉堡地牢	…135
汉堡港	…128
汉堡美术馆	…131
汉堡市政厅	…126
汉堡微缩景观世界	…134
汉堡艺术馆	…136
汉堡鱼市场	…132
汉诺威大花园	…173
汉诺威展览中心	…172
赫尔斯滕门	…140
黑森林博物馆	…165
红色市政厅	…080
胡尔柏之屋	…131
皇帝堡	…204

皇家啤酒屋	…099

J

脚镣塔餐厅	…161
橘园	…088
军械库	…064

K

卡拉卡拉温泉	…161
卡塞尔	…193
科堡碉堡	…207
科隆大教堂	…147
科隆旧城区	…150
克洛普城堡	…209
库达姆街	…074

L

莱比锡老商业大厦	…178
莱特车站	…078
莱茵河	…152
莱茵能源球场	…150
老歌剧院	…117
老国家画廊	…066
老萨克森豪森	…121
老证券交易中心	…120
联邦总理府	…077
鲁尔工业区	…211
路德维希堡宫	…162
路德维希博物馆	…148
吕贝克市政厅	…142
伦巴赫之家市立博物馆	…099
罗马-日耳曼博物馆	…148
罗马-日耳曼人博物馆	…212
罗马市政厅	…111
罗腾堡圣雅各教堂	…199

M

马堡	…192
马德勒走廊	…180
马克斯堡	…210
迈森瓷器工厂展览馆	…187
迈森大教堂	…186
美术工艺博物馆	…136
美因河	…112
民族学博物馆	…074
明克贝尔格街	…137
木偶博物馆	…142
慕尼黑皇宫区	…095
慕尼黑玛利亚广场	…092
慕尼黑美术博物院	…104
慕尼黑啤酒节	…106
慕尼黑新市政厅	…094

N

尼德艾格杏仁巧克力专卖店	…142
尼古拉教堂	…085
宁芬堡宫	…095
纽伦堡圣洛伦茨教堂	…202

O

欧洲大厦	…115

P

菩提树下大街	…063

Q

巧克力博物馆	…149

R

Rickmer Rickmers	…129
日耳曼民族国立博物馆	…205

塞西里恩霍夫宫廷 …088
森肯伯格博物馆 …116
森帕歌剧院 …185
商人桥 …189
胜利女神纪念柱 …071
圣保利区 …132
圣保罗大教堂 …115
圣彼得教堂 …093
圣基利安大教堂 …195
圣米夏埃利斯教堂 …128
圣米歇尔教堂 …101
圣母教堂 …093
圣尼古拉纪念馆 …130
圣佩特里教堂 …141
圣塞巴德斯教堂 …205
施特德尔艺术学院 …113
施瓦本城门 …169
斯塔雷克城堡 …208
斯塔西博物馆 …079
斯图加特奔驰博物馆 …159
斯图加特国王大道 …158
斯图加特剧院 …158

塔仙堡帕雷斯 …181
特里堡大咕咕钟屋 …166
特里堡瀑布 …163
特里尔 …213

W

瓦尔拉特博物馆 …174
威廉皇帝纪念馆 …073
维尔茨主教宫 …198
维斯教堂 …166
温泉厅 …166
文化广场 …072
沃利夫·理查德兹美术馆 …149
乌尔姆大教堂 …201
无忧宫 …087

席勒之家 …176
夏洛滕堡宫 …075
宪兵广场 …061
香水博物馆 …146
新国家画廊 …081
新旧市政厅 …168
新天鹅城堡 …100
选帝侯大街 …086

亚伯庭宫殿 …183
亚历山大广场 …069
易北河旧隧道 …137
英国花园 …097

中国楼 …089
中世纪犯罪博物馆 …200
主教大教堂与圣塞维里教堂 …190
棕榈树公园 …119
最后的审判酒吧 …085

考拉旅行书目，带您乐游全球！

○ 攻略系列！

○ 畅游系列！

更多图书
敬请期待……

《德国攻略》编辑部

编写组成员：

陈永	陈宇	崇福	褚一民
付国丰	付佳	付捷	管航
贵珍	郭新光	郭政	韩成
韩栋栋	江业华	金晔	孔莉
李春宏	李红东	李濛	李志勇
廖一静	林婷婷	林雪静	刘博文
刘成	刘冬	刘桂芳	刘华
刘军	刘小凤	刘晓馨	刘艳
刘洋	刘照英	吕示	苗雪鹏
闵睿桢	潘瑞	彭雨雁	戚雨婷
若水	石雪冉	宋清	宋鑫
苏林	谭临庄	佟玲	王恒丽
王诺	王武	王晓平	王勇
王宇坤	王玥	王铮铮	魏强
吴昌晖	吴昌宇	武宁	肖克冉
谢辉	谢群	谢蓉	谢震泽
谢仲文	徐聪	许睿	杨武
姚婷婷	于小慧	喻鹏	翟丽梅
张爱琼	张春辉	张丽嫒	赵海菊
赵婧	朱芳莉	朱国梁	朱俊杰
高虹	诗诗	莎莎	天姝
郭颖	晓红	王秋	艳艳

图书在版编目（CIP）数据

德国攻略/《德国攻略》编辑部编著．—北京：华夏出版社，2017.9
（全球攻略）
ISBN 978-7-5080-9176-1

Ⅰ．①德…　Ⅱ．①德…　Ⅲ．①旅游指南－德国　Ⅳ．①K951.69

中国版本图书馆CIP数据核字（2017）第081500号

德国攻略

作　　者	《德国攻略》编辑部
责任编辑	杨小英
责任印制	刘　洋
出版发行	华夏出版社
经　　销	新华书店
印　　装	北京金古士印刷有限责任公司
版　　次	2017年9月北京第1版　2017年9月北京第1次印刷
开　　本	720×920　1/16开
印　　张	14
字　　数	200千字
定　　价	49.80元

华夏出版社　网址：www.hxph.com.cn　地址：北京市东直门外香河园北里4号　邮编：100028
若发现本版图书有印装质量问题，请与我社营销中心联系调换。电话：（010）64663331（转）

考拉旅行 乐游全球